パワハラ不当解雇

尊厳を回復し、解雇を高くつかせる闘い方

高橋秀直
Hidenao Takahashi

旬報社

はじめに――増え続けているパワハラ・不当解雇

理解されていない雇う者と労働者との働き方の違い

社会に大きな衝撃を与えた電通の若い社員高橋まつりさんの過労自殺。直接の引き金は、肉体的にも精神的にも限度を超えた、奴隷のような労働時間の長さだった。担当のデジタル広告やＩＴ業務に無知な上司による彼女の仕事の全否定というパワハラによって、際限のない労働に追い込まれ、それから逃れようとして自殺したと推測される。

過労自殺する労働者を、弱い、情けないと批難する経営者がいる。彼らの労働時間も長いのだろうが、過労自殺する経営者はいない。彼らは、働く目的、働き方、働く時間も自分で決められる。生活に強制されて働いているのではなく、パワハラを振う上司もいない。

労働者は、生活に強制されて働いている。労働目的も労働の仕方も与えられて、目指す目標か成果が出るまで働かざるをえない。すべてが強制されている。過労死、過労自殺、不当解雇の背後には、雇われているという目に見えない強制だけでなく、目に見える強制、パワハラがあるとみてあながち的外れでない。

過労自殺者を批難する経営者は、雇う者と雇われる者とのこの本質的な違いを理解できない者たちである。

見えない、パワハラ・不当解雇

パワハラとそれと一体の不当解雇は、さかのぼれば枚挙にいとまがない。とりわけ中曽根政権と小泉・竹中政権以降の新自由主義・労働規制緩和で経営者・雇用者の権力に対する歯止めが外れ、パワハラ、不当解雇が急増した。一九八〇年代終わり頃のバブル時から始まった中間管理職を狙い撃ちにしたリストラ、不当解雇は、ブリジストンの会長室で抗議文を携えて自刃した管理職の例のように凄惨で、言語に絶する状況だった。

ネットで「不当解雇」を検索すると、二〇〇八年から二〇一〇年までの事例が多い。バブル以降の不当解雇の第二波だったらしい。本書の第1～3章がそれに該当する。

近年の「不当解雇」状況を調べた。日弁連『弁護士白書』二〇一六年版によると、地方裁判所での労働関係事件の新受件数は、労働審判制度が始まった二〇〇六年より二〇〇九年に急増し、それ以降は労働審判と民事通常訴訟とが徐々に増加しつつ、ともに三〇〇〇件台で推移している。労働審判ではそのうち四割強が地位確認請求（不当解雇案件）である。

厚労省「個別労働紛争解決制度の運用状況」によると、全国の労働局に寄せられた労働相談は年間一〇〇万件を超えるが、二〇一七年度で最も多いのは「いじめ・嫌がらせ」で二四％弱、次いで「解雇」一一％、「退職勧奨」七％弱、「雇い止め」五％弱、雇用に関わる相談は二三％を超えている。

「働き方改革」だ、「人手不足」だ、「待遇改善」だとマスメディアの上っ面は賑々しい。日本の労働者に幸せの風が吹いているのではないかと錯覚させる。

「働き方改革」の目玉だったはずの残業規制は、労基法にもとづく残業時間の年上限三六〇時間が、三六協定に特別条項を設ければ月八〇時間、年七五〇時間に延長可能になり、休日出勤を算入しないなどの抜け道も潜り込ませられた。年収一〇〇〇万円余の一部労働者の残業時間規制がなくなった。いずれ全労働者の労働時間規制をなくすための橋頭堡である。

労働時間規制がなくなれば、労働者は奴隷になる。奴隷も労働者も「労働力」だが、労働者は、自分を丸ごと売るのでなく、労働力のみを時間決めで売ることで奴隷化を免れている。イギリスの労働者を先頭に世界の労働者が「標準労働時間」確立のために闘ってきた理由である。

日本政府は、八時間の標準労働時間制を定めた一九一八年のＩＬＯ第一号条約をいまだに批准していない。その歴史的体質を引きずりながら、労働者の賃金奴隷化が、佐高信が言う〝社畜化〟が、安倍首相の〝お祭り騒ぎ改革〟で見えにくくなっているようだ。「貧困は見えない」と言われるが、労働をめぐる貧困も見えない。

闘いの経験を伝えたい

大学を定年退職して一年は悠々自適と思っていた二ヵ月後、不当解雇の闘いを「支援する会」を作りたいから会長を引き受けてほしいと地域労組の連合組織・地区労連に要請された。それから今日まで四件の不当解雇と退職強要のパワハラとの闘いに関わってきた。

労働問題に関心があり、大学入学時に「労働問題研究会」に入った。不当解雇や閉山と失業に揺れる炭鉱問題などに関わり、労働組合のビラ作りの手伝いなど、労働者に接することも多かった。今と違って、当時の学生は興味ある授業にしか出ず、時間の大半を自分の関心事に費やしていても卒業できた。

大学院博士課程を中退して弘前大学に就職した一九六九年から大学労組に加入し、執行委員、支部長、書記長、委員長、大学の過半数代表などを引き受けてきた。国立大学の労組活動と言えば、公務員だから〝親方日の丸〟でさぞ楽な活動だろうと思われがちだが、実際は違う。二〇〇四年に独立行政法人化されるまで、公務員は労働基本権のうち団結権は認められていたが、団体交渉権、争議権がなかった。

交渉項目の多くは、今で言う非正規職員の正規化や彼らの賃金・労働条件の改善、看護婦の夜勤の労働条件の改善などが主だった。団体交渉権がないので、逃げる大学当局にあの手この手で迫ったが、応じても交渉相手は人事課長くらい、目指す学長、病院長との交渉を実現させる工夫が必要だった。民間なら労組の交渉要求に応じなければ不当労働行為になる。公務員であるばかりに交渉実現にも工夫が必要だった。この経験が、粘り強さと創意工夫がとりわけ必要な不当解雇との闘いに活きた。

「不当解雇との闘いを支援する会」結成

二〇〇九年六月に不当解雇された二人の女性の名を冠する「不当解雇との闘いを支援する会」が結成された。運営を担うのは「役員会」で、構成は会長の私と参加労組を代表する副会長四人、事務局

「不当解雇のたたかいを支援する会」総会・交流会

長と事務局次長各一人、事務局員三人、計一〇人という、名称も仰々しい組織だった。有り体に言えば、裁判闘争の飾りで、私に期待されたのはその〝帽子〟だった。

その枠からはみ出して、役員会をほぼ毎月開いて闘いの状況を聞き、方針を話し合うようにした。役員一〇人のうち出席は半分ほど。各役員の出身労組は衰退しており、半分は名前貸しに近かった。不当解雇撤回の闘いが三件も並行した二〇一〇年以降役員会は毎週のように、時には連日開かれたので、名前貸しの役員は名簿上だけの存在になった。

支援する会本体の実質的運営は、二人が加盟している青森県労連個人加盟労組ひだまり委員長、地区労連事務局長、津軽保健生協労組の専従と私の四人。支援する会本体が闘争本部になり、団交も担い、労働組合運動をベースに裁判を闘かうために代理人弁護士との協議もたびたび開かれるようになった。

解雇と闘う二人が加盟するひだまりの委員長は会議、団交、裁判のたびに事務局のある青森市と弘前市とを往復した。裁判ではいつも五人ほどのひだまり労組員を引き連れて参加してくれた。ひだまりはいまも健在で、第4章の闘いを会報に随時掲載してもらっている。

支援する会の会員目標一〇〇人は、知り合いに加入を呼びかけたり、ビラ配布などした結果、ほどなく達成された。目的は闘いの支援だが、「役員会」（以下、支援する会と表記）が闘いの飾りに止まっていた当初は、年に一度の総会が企画されただけで裁判闘争の飾りだった。

飾りでなく会員を闘いに参加させる必要があった。会員から会費を頂戴する代わりに会報を発行、郵送して闘いの状況を知らせるようにした。裁判傍聴や署名活動で闘いに参加してもらうようにした結果、年一度の総会の出席者は多く、総会後の懇親会も盛況だった。

解雇された彼女たちが、顔見知りでもなかった多くの人に囲まれ、そのひと言ひと言に最も励まされるときである。

パワハラ・不当解雇との闘いのポイント

不当解雇との闘いの目的が解雇撤回にあることは言うまでもないが、最も大事なことは解雇された労働者の尊厳の回復にある。雇用者が挙げる解雇理由は、あることないことではなく、ないことないことのウソ八百、いかに無能で低劣人間かを並べ立てる。それは、パワハラにも増して解雇された者の人格と誠実に働いてきた人生を傷付け、尊厳をズタズタにし、トラウマに陥らせることも少なくない。

尊厳回復のためには解雇理由撤回が、言い換えれば解雇撤回と復職が不可欠である。解雇無効の判決でも、解雇理由が退けられるとは限らない。「和解」という名の金銭解雇は、なにがしかの和解金で解雇を受け入れさせるもので、解雇理由が撤回されないままの場合が多い。

労働者の希望で退職する場合でも、解雇撤回、解雇理由撤回が不可欠である。それによって、労働者は尊厳を回復することができる。

それだけでない。解雇撤回とは、働いていない期間の賃金その他の全額を雇用者に支払わせることである。これに弁護士費用、裁判経費など加えれば、不当解雇ほど雇用者にとって高くつくものはない。労働者をないがしろにした権力的雇用者に、それを体験させ、解雇濫用に歯止めを掛けることになる。

日本の労働裁判では、地裁で勝利しても、高裁・最高裁で敗訴すると言われてきた。それが、反転して地裁で敗訴、高裁・最高裁で勝訴の傾向が目に付くようになった。地裁敗訴の傾向は、労働組合の弱体化で裁判官が労働問題に揉まれなかったことが原因と言われる。労働裁判の経験が少なくなり、労働者への理解が希薄になった。高裁・最高裁の傾向がその逆になったのは、地裁で労働問題に揉まれた裁判官が高裁・最高裁の裁判官になったためと言われる（第3章参照）。

労働組合と労働者の権利が年々弱まっている状況と、それが司法にも反映されて、不当解雇との闘いに立ち上がる労働者は多くない。その闘いは労働組合などの集会で報告されるが、その場限りに終わって、経験が意識的に蓄積されてきたとは言えない。闘いの経験は、一般化も理論化もされず、いまなお個別に、手探りで闘われている。

本書で紹介する四件の闘いは、解雇された人が女性ということ以外に共通性はない。職種も違い、正規、非正規と雇用条件が異なるし、雇用者も解雇理由もそれぞれ、闘い方も違う。ところが、それらをつなぐと、一般化できるパワハラ・不当解雇との闘い方、不当解雇を撤回させて労働者の尊厳を回復し、不当解雇を高くつかせる闘い方になることに気付いた。

闘いには、戦略と戦術が不可欠。戦略は社会性と歴史性が担保されていなければならない。労働者に対して権力化した企業や経営者に対抗して労働者の権利を守ることは、社会的であり、歴史的である。この戦略から戦術が生まれる。

四件の不当解雇の闘いから分かった「尊厳を回復し、解雇を高くつかせる闘い方」の戦術の要点をあげると、

① 解雇された労働者を精神的に孤立させない。
② 労組を土台に、しっかりした支援組織を作る。
③ 労働運動・市民支援と労働裁判とを結合させる。
④ 解雇した側の弱点を攻める。

の四点に絞られる。

この経験を広く知らせたいと考え始めた。出版できるなら旬報社から出したいとの思いがあった。そう考えたのは、同社が労働問題の専門出版社であり、労働旬報社時代から労働問題の本を買ってきたからだが、いまひとつ理由があった。同社が一九八六年に出版した中西五州『労働組合のロマン』は、〝物取り主義〟的な労働組合の在り方に長く疑問を抱いていた私に確信を与えるもので、以来私にとって導きの書になった。

ダメ元で旬報社に話を持ち込んでみた。さいわい説明を聞いてくださるというので同社を訪ね、木内社長に説明した。〝意外にも〟すぐに内諾が得られた。それから素稿、草稿、原稿を提出し、読み手としての的確なコメントを木内社長から得、それに添って書き直して出版に漕ぎつけた。

本書の出版目的は、パワハラで退職に追い込まれたり、不当解雇された人に闘い方があること、その闘い方を知らせること。できるだけ多くの労働者に読まれることのみを念じて私の経験を掘り起こした。

四件の不当解雇撤回をともに闘い、本書に実名で登場することを了解してくださった方々、小田切達弁護士、葛西聡弁護士、編集者としても対応してくださった旬報社木内洋育社長に謝意を表する。

なお、本書では敬称を略した。

パワハラ　不当解雇——尊厳を回復し、解雇を高くつかせる闘い方◉目次

はじめに——増え続けているパワハラ・不当解雇　003

◇不当解雇と闘うための司法用語解説　014

第1章　解雇された労働者を独りにさせない　017

1　だまし討ちの雇い止め　018

2　和解退職で折れた心　021

第2章　職場で孤立させるパワハラに耐えて　025

1　すべての労働裁判勝利で解雇撤回——それが始まりだった　026

2　ブログ問題で解雇撤回——振り出しに　030

3　復職を待ち受けていたパワハラ　032

4　裏目に出たブログ裁判　037

5　要求貫徹の和解と尊厳の回復　041

第3章　和解という名の金銭解雇に抗して 045
1　改良区経理への疑問を口にして懲戒解雇 046
2　労組活動と裁判闘争とを結合する闘い 051
3　和解という名の金銭解雇 054
4　弱点を攻める 061
5　昇格・昇給で復職——一二〇%の勝利 067
第4章　「民主的」保育園で労組潰し・退職強要・解雇 073
1　園長と娘によるパワハラ、退職強要 076
2　異常・執拗なパワハラの末に解雇 096
3　たんぽぽ保育園との闘い 118
第5章　支援組織づくり・闘う福保労組へ 139
1　支援組織づくりで市民と連携 140
2　福保労、自前の闘いへ 142
終章——「幸せではなかったが、不幸ではなかった」 151

不当解雇と闘うための司法用語解説

本書には、不当解雇撤回のための司法手続きや裁判が登場する。それぞれ特有の用語がある。不当解雇撤回のために可能な裁判で使われる用語の意味を解説しておく。不確かなときに参照願いたい。

(け) 決定

地位保全仮処分請求に対する判決を「決定」と言う。

(こ) 口頭弁論

裁判は、刑事でも民事でも法廷で行なわれる。刑事訴訟では「公判」、民事訴訟では「口頭弁論」と言う。口頭弁論は、証人尋問までは訴状、答弁書、準備書面などの提出をそのつど法廷で確認し、次回口頭弁論の日時を確認する。

数分で終わるが、労働者側傍聴の意味は大きい。一二三ページ、一五五ページ参照。

(し) 証人尋問

正式には「人証尋問」という。本書では通常使われている証人尋問と記述。原告・被告が証人を申請して双方の代理人弁護士が互いに尋問で相手側証人を追及する。ＴＶや映画で観る場面。

(し) 書証

地位確認請求（本訴）で原告・被告が提出する訴状、答弁書、準備書面に添付される証拠書類をいう。地位保全仮処分申立に対する証拠資料は「疎明資料」という。

(じ) 準備書面

原告の訴えに対して原告・被告双方が相手側に反論する文書。一回とは限らない。被告側が具体的反論なしの準備書面を出し続けて引き延ばしを図ることもある。本書第４章３⑴参照。

（し）審尋

簡易裁判や労働審判、地位保全仮処分請求などでは法廷を開かず、審尋室という部屋で原告・被告双方が裁判官と個別に、または裁判官の左右に座って進行や和解などを話し合うこと。

（そ）疎明資料

地位保全仮処分請求に対して原告・被告双方が提出する証拠資料を言う。

（ち）地位確認請求（本訴）

地位保全仮処分請求で保全命令を勝ち取っても、あくまで仮。地位確認請求で雇用関係の存在を法的に確定しなければ、不当解雇は撤回されない。解雇無効で賃金支払い命令は出るが、復職できるとは限らない。判決後に復職させず「和解」で退職させたり、復職させてパワハラで退職に追い込もうとする場合も少なくない。本書第2章参照。

（ち）地位保全仮処分請求（仮処分）

裁判で解雇無効を確定するためには「地位確認請求」（本訴）が必要。この申立に判決が出るまでには、少なくとも二〜三年はかかる。その間、解雇された労働者は収入の道を絶たれる。その救済のために地位保全仮処分請求を提訴して解雇中の賃金仮払いを求める。

仮払い命令は、解雇無効が前提。裁判官が解雇を有効とすれば申立は却下される。解雇無効が認められても、家族の支援など他に生計手段があるなどとされ、救済の緊急性が認められなければ却下される。

（と）答弁書

裁判所に出された訴状に被告が最初に反論する文書。不当解雇の訴状に対する解雇者側（被告）答弁書では、原告の訴えに形式的に「認めない」「争う」を羅列し、具体的な反論は準備書面でするのが慣例。

（べ）弁論準備期日

証人尋問まで開廷されず、審尋室などで訴状等の提出確認や争点、証拠等の整理手続きが行なわれることも多い。それが行なわれる日を「弁論準備期日」と言う。裁判官によっては労働者側支援者の傍聴を認めることもある。証人尋問前に開廷するかどうか、支援者の傍聴を認めるかどうかは裁判官の裁量に委ねられている。

（ほ）本訴

地位確認請求を地位保全仮処分請求（仮処分）に対して本訴という。

（ろ）労働審判

雇用主と個々の労働者との間の解雇や賃金不払いなどのトラブルを迅速に解決するために二〇〇六年度から始まった制度。労働審判官（裁判官）と労働専門員二名が、申立人と相手方との言い分を三回以内で審理する。

審判に不服の場合にどちらかが異義申立すると審判は失効、通常の民事訴訟に移行する。

（ろ）労働契約法第一六条

解雇は、客観的に合理的な理由を欠き、社会通念上相当であると認められない場合は、その権利を濫用したものとして、無効とする。

（わ）和解

民事訴訟では、裁判官は「和解」を求めることが多い。そのほとんどは、退職と金銭支払いとの取引。未払い賃金の一部が慰謝料として支払われるだけで、デタラメな不当解雇の事実と撤回はない。「和解」と言う名の金銭解雇である。

裁判官が「和解」を主導しがちなのは、判決が解雇無効でも復職が義務づけられていないこと、復職後にパワハラで退職に追い込む場合が少なくないこと、解雇された職場で働き続けることへの不安が労働者にある、などのためと言われる。

金銭和解が多い実態を踏まえて厚労省が正式の解雇制度として導入しようとしている。本書のケースでは、金銭解雇を拒否し、復職を原則に闘ってきた。

第1章

解雇された労働者を独りにさせない

西岡良子（仮名）は、弘前市のT保育所に一年契約の保育士として一四年間働いてきた。ワンマン経営者の園長に二〇〇六年六月から退職を要求されていたが、だまし討ち同然の手口で二〇一〇年度で雇い止めされた。

西岡は、地位保全仮処分と地位確認等請求とを青森地裁弘前支部に申し立てた。支援する会が支援に乗り出して間もなく、西岡はわずかばかりの解決金を受け取って和解退職してしまった。

それから八年。ようやく連絡が取れた西岡は、和解退職で心が折れて、六年間も引きこもり、いまもトラウマを抱えていた。園長の暴力に、その下で働きながら損害賠償請求で三年近く闘うほど強い意志を持っていた西岡に何が起きたのか。

1　だまし討ちの雇い止め

暴力的ワンマン経営

T保育所のオーナー経営者は、当時も今もT。ワンマン経営である。保育園名が突然変わったり、九人を解雇して五人採用などの乱暴な人事や給与規定を無視した一方的な賃金カット通告、「明日から来なくていい」などのパワハラが日常的に横行するものが言えない職場だった。

職場を変えようと二〇〇八年六月に個人加盟労組ひだまりの分会労組が結成された。Tは、団交拒否に止まらず、分会委員長Nに対して譴責処分や始末書提出・退職強要などで攻撃した。

Tの威圧的支配を象徴する事件が二〇〇七年二月に起きた。保育所事務室で、TがNに退職届の提出を迫っていた。たまたま来合わせた西岡が、Nに「どうしたの」と尋ねたところ、Tは西岡に事務室から出て行けと怒鳴った。西岡はNをひとりにしない方がいいと判断してとどまったが、Tは西岡の両腕を摑んで左右に振り回したうえ、左肘をコピー機に打ち付けたり、ローボードに押しつけて上体を反らさせるなどの暴行に及んだ。終始無抵抗だった西岡が「暴力は止めてください」と叫んで終わったが、西岡は負傷して半年近く通院を余儀なくされた。

西岡はTに対して慰謝料一〇〇万円と治療費六万円余を求める訴訟を弘前簡易裁判所に起した。二〇〇八年四月、簡裁はTに治療費全額と二四万円余の慰謝料の支払いを命じる判決を言い渡した。Tは地裁弘前支部に控訴し、さらに高裁に上告したが、いずれも棄却され、二〇〇九年一一月に判決が確定した。右の経緯は、簡裁判決にもとづいている。

この間二年九ヵ月、西岡は、Tと係争中もその下で勤務し続けた。不安定な雇用形態であっても理不尽なことに屈しない労働者魂を持っていることが分かる。

錯誤で雇い止めに署名押印

西岡は、二〇〇七年度から指定管理者制度で受託した市の学童保育児童センターに移動させられ、保育士でなく児童厚生員として勤務していた。児童厚生員は、「児童の遊びを指導する者」が正式名称、一般財団法人の児童健全育成推進財団の資格で、保育士であれば有資格者である。退職を受け入れず、園長の暴力を訴えた西岡に対する報復人事である。

一年間の雇用契約が切れ、明日から新たな契約が必要となる二〇〇九年三月三一日の終業近い午後四時過ぎに、Tに「給料にハンコを押しに来て」と呼び出された。午後四時という時間帯は、児童が三部屋に分かれて遊びに入る。児童を遊ばせる際には児童厚生員が必ず立ち会っていなければならない。児童厚生員にとっては非常に忙しい時間帯である。

「今は子どもたちがたくさんいて、目が離せない時間なのに」と思いながら事務室に行った。Tは、労働契約書を二通取り出し、「これに名前を書いてハンコを押して」と言って西岡に渡した。西岡は「早く子どもたちの所に行かなければ」などと思いながら、気が急いていたので例年どおりの雇用契約更新としか考えず、内容を確認しないまま署名押印した。

翌日、西岡は上司から「新しい職場を探さないといけないね」と言われた。西岡が何のことか理解できないでいると、「更新しないに〇がついていたよ」と教えてくれた。帰宅して労働契約書を確認したところ、翌年度「更新の有無」欄の印字された「更新しない」が手書きの〇で囲まれていた。

西岡は、労組委員長のNに「更新しないに〇が付いているのに気づかず、署名押印してしまった」と伝え、地区労連の助言を受けて「更新しない」を取り消すために労働契約書を保育所に郵送返還した。Tは合意成立として取り合わず、一年後の二〇一〇年三月三一日に雇い止めされた。説明なしで署名捺印させせて解雇しただまし討ち同然の雇い止め、雇用契約打ち切りだった。

2　和解退職で折れた心

提訴から突然の和解退職へ

西岡は、職場労組と地区労連の支援のもと、二〇一〇年二月に「合意不存在、錯誤無効、詐欺取り消し」「雇用契約の更新継続」を訴因とする地位確認等請求を地裁弘前支部に申し立て、さらに四月に地位保全仮処分を申し立てた。二件の提訴に対する双方の訴訟手続きが進行していた。

西岡の雇い止めが支援する会で報告されてから西岡は会議にも参加し、状況を報告していた。西岡が四月に熱海で開かれた「裁判勝利を目指す全国大会」に参加した報告書が支援する会に提出されている。Ａ４判四ページに及ぶ報告書には、二日間の全分科会の報告が記載されているだけでなく、それぞれの分科会から学んだことがまとめられている。

「裁判官が何を考えているのかを考える。裁判官の心に訴えかける人間的な感性をもって訴える。論理的に説得する。」「裁判官に配慮しすぎるとどうなのか？　彼らの目線がどこにあるか？　闇雲に不当だと騒ぐのは得策でない、何がどう不当なのか、そこをはっきりさせる。」

詳細な報告書は、彼女がどのような姿勢で自らの不当解雇の闘いに臨んでいたかを示している。

支援する会は、六月の総会でそれまで支援していたふたりの名に西岡の名も加えて支援を決めた。ところが、それから一週間も経たないうちに西岡は解決金一一〇万円で和解退職した。あの仕事への意志強固な、労働者魂もしっかり持っている西岡が、わずかな解決金で自己退職を選んだのは意外だった。

耐え難い誹謗中傷文書を読む悔しさ、孤立感

署名捺印したことが西岡に重しになってはいたが、この署名捺印は退職の意思表示に瑕疵があるケースに当たり（民法九五条）、しかも文書を返却して取り消し意志を表示している。法的に闘える内容だった。なぜ？との疑問が残った。支援する会で西岡の話を聞いた。

弁護士から園側答弁書や準備書面を渡され、それを自宅で読む。「どうしてここまで言うの？」と思うほどの誹謗中傷を読む悔しさ。独りで読むことの孤立感。それに耐えて反論を書かなければならない。その繰り返しが辛く、精神がおかしくなるのではないかと思ったと西岡は語っている。以下は、その誹謗中傷の一部である。

西岡が児童センターで勤務することになったのは、西岡が「乳児、幼児の区別なく言葉使いが乱暴で、さらに大声で指導するなどの心理的虐待行動を繰り返し、指導による改善も見られないなど保育士として不適格」「保育士として……勤務できないことは十分承知していた。」（地位確認請求に対する園側答弁書）

園児の親から西岡の子どもへの対応に感謝する手紙が園に届いたこともある。二〇〇六年四月に長年の功績を讃えられて、弘前市長と弘前市保育研究会長であったTから表彰されている。その西岡に

Tが退職を迫るようになったのは、直後の六月から。

西岡は「空手の有段者で男勝りの面があり、保育所で勤務している際にも乱暴な言動があった」。雇用継続は困難だったが、西岡の立場も考え、直ちに辞職させず、二〇〇七年三月末雇用終了で合意していた。ところが、二〇〇六年六月に辞めないと合意を翻し、Tに暴行されたと暴行問題にすり替え、退職を求められない状況を作り出した。（地位保全仮処分請求園側準備書面）

園側答弁書には、雇い止めされたことを確認し、「ありがとうございます」と言って退室したとの主張さえある。

心が折れて六年間もの引きこもりに

西岡は和解後も支援する会の活動に参加していたが、支援していた二件の不当解雇撤回に勝利し、支援する会が開店休業状態になったため、つながりがなくなった。それから八年。本書出版のために了解を得る必要が生じ、自宅と携帯に電話したが出ない。T保育園時代の同僚Nの連絡先を探して、西岡の状況を聴いた。別の保育園で元気に働いているとのことだったので、西岡が私の電話に出てくれるように依頼した。

西岡に電話で出版の了解を得たいと伝えたが、あの件は想い出したくないと会うことも話をすることも拒否された。その後の状況を少しずつ聞き出した。あの後六年間引きこもりで苦しんだ、ようやく家から出られるようになって二年前に今の保育園で働くことができるようになったと言ったが、電話の向こうで泣き出した。

あるいはと懸念していたとおりだった。和解で退職したが、和解は辛さから逃げるためでしかなく、尊厳を傷付けられたまま孤立、心が折れたのだ。彼女はようやく立ち直れたと言ったが、いまもそのトラウマを抱えていることは明らかだった。不当解雇との闘いは、和解であっても解雇と解雇理由を撤回させなければ救えないと改めて確信した。

裁判官による和解は、通常は双方に秘守義務が課される。この和解条項には、福祉法人に対して西岡に不利益な情報を開示しない等の義務を課しているが、秘守義務は課されていない。しかし、出版に本人の了解が得られなかったので、本人を特定されないように仮名、記号表記している。

実名か仮名かは、読者にとって本質的な問題でない。実名を受け入れられるのは、その闘いに誇りを持てる人である。

「孤立させない」が闘いの基本に

「孤立感に耐えられなかった」との西岡のひと言は、私たちに反省を迫った。支援する会はまだ飾りを脱せず、裁判は弁護士と西岡任せだった。

裁判所に提出する訴状、答弁書、準備書面など双方の文書は、原告に直接渡さず、支援する会に渡してもらい、支援する会が原告と一緒に文書を読んで検討する。こうすることで、原告が誹謗中傷文書を冷静に、孤立感を持たずに読むことができる。これが、これ以降の闘いの第一の基本方針になった。

第2章

職場で孤立させるパワハラに耐えて

中堅印刷会社でパートで働いていた土谷充子は、オーナー会長の車にポリボトルを二本積み忘れたというだけで懲戒解雇された。地位保全仮処分、本訴、労働審判とも勝利して復職したが、待っていたのは、公然の監視と孤立、退職強要のパワハラだった。土谷はパワハラ停止を求めて損害賠償を提訴し、団交と裁判で闘った。

ところが、夫が妻の支援目的で始めたブログを会社側が問題視、夫妻を名誉毀損等で刑事告訴と民事告訴した。このブログ問題が絡んで、闘いは予想外の困難な展開になった。

二年九ヵ月後、土谷は要求のすべてを認めさせて和解した。どんな闘いでそれが可能になったのか。なお、和解に秘守義務が課せられているので、会社が特定されないように記号表記した。

1　すべての労働裁判勝利で解雇撤回——それが始まりだった

土谷は、K印刷にパートとして一六年近く働いていた。K印刷は、当時資本金五〇〇〇万円、従業員一三〇人ほど。弘前市の中堅企業である。

二〇〇九年一月一九日出社直後、社長から突如懲戒解雇を言い渡された。オーナー会長が自宅で洗顔するための酸性水を会社の精製機を使って土谷らに精製させ、自分の車に積み込ませていた。前週末にポリボトル二十数本のうち二本を土谷が会長の車に積み込み忘れた。二本は週明けに積むつもりだった。この些細なミスを報告しなかったとの理由で土谷は懲戒解雇された。

懲戒解雇通告書は、懲罰規程が添付されているだけで、該当項目不明、解雇理由が分からない。文書で解雇理由書を求め、労基署やハローワーク、地区労連に相談するなどした結果、一月二六日に解雇理由書が渡された。

オーナーとは言え私用の、それもポリボトル二本の積み忘れを針小棒大に解釈、「会社の所有財産を故意に隠匿した」「会社に対し物心両方の損害を与えた」「会社の名誉、信用を傷つけ、金銭等において会社に損害を与えた」とされた。

労組と弁護士に相談、提訴で解雇無効の連続勝訴・損害賠償も

土谷は、解雇直後に加盟した個人労組ひだまりと地区労連とに相談し、小田切達弁護士らを代理人に二〇〇九年二月、地位保全仮処分請求を青森地裁弘前支部に申し立てた。三月末に出された仮処分「決定」は、労働契約法第一六条を踏まえて解雇無効、賃金仮払いが三月から翌年三月まで解雇前の賃金全額の支払いを命じた。

四月初め、解雇無効を確定するための地位確認請求を申し立てた。裁判官が慰謝料一五〇万円で退職の和解案を提示したが、会社側が拒否した。一一月に解雇無効、不払い賃金に加え、慰謝料三〇万円の支払い命令判決が出された。

後に述べるように、不当解雇撤回の地位確認請求に加えての損害賠償請求は認められないが、「法曹の常識」だった。解雇無効での未払賃金支払いで「慰謝される」とされてきたからである。ところが、

この判決では、解雇無効と未払賃金支払いで土谷の「精神的苦痛が慰謝されているとは言いがたい」として、七〇万円の慰謝料請求に対して三〇万円の支払いを認めた。第4章3でふれる二〇一三年八月福島地裁判決より四年近く早い判決である。小田切弁護士にこの点を尋ねた。「法曹の常識」を意識していなかったと言う。

会社側が控訴せず、判決が確定した。土谷の現職復帰を求めて一二月から団交三回。会社側は解雇前のフルタイムから五時間への労働時間短縮、時給九〇〇円から七五〇円への賃下げ、原職の生産管理課から、コンピュータ・データから印刷版を直接に出す特殊な技術を必要とする作業ルームへの配置替えを提案してきた。「この部署以外に能力に見合う部署がない、信用失墜、業務妨害などの違反行為を繰り返させないために監視員をつけるため」等の配置換え理由を挙げた。一一月分の賃金は支払われたが、一二月分から賃金支払いが停止された。

地位確認請求訴訟で勝利判決を勝ち取ったが、団交を繰り返しても会社側は未払賃金を支払わず、職場復帰も認めない。二〇一一年三月、原職復帰と未払賃金支払い請求の労働審判を申し立てた。審判に並行して四月下旬から一〇日間ラウドスピーカー搭載の街頭宣伝車を使ってK印刷や周辺企業、スーパーなどがある地域で広報した。「会長私用の酸性水ボトルをたった二本積み忘れただけで、一六年間パートで働いて来た女性を懲戒解雇した。公私混同もはなはだしい、乱暴な解雇です。」「裁判で不当解雇、未払賃金全額と損害賠償支払い命令の判決が出ましたが、判決を無視しています。」など、社屋内の社員に聞こえるように広報した。

街頭宣伝が奏功したのか、直後の第二回労働審判で会社側が土谷復職を認める準備書面提出。それに土谷請求を盛り込んだ和解案を裁判官が作成して結審し、土谷が全面勝利した。

① 二〇〇九年一二月から二〇一〇年四月までの未払賃金全額を支払う。

② 次の労働条件で就労すべき労働契約上の地位を有し、五月一七日から出社することを認める。

勤務形態：午前一〇時から午後五時までのパートタイム

給与等：時給九〇〇円、家族手当月額三〇〇〇円

所属：解雇前に所属していた生産管理課

③ パワハラ、セクハラ、労組員であることを理由とする不利益扱いをしない。

この勝利が支援する会会報第二号を飾った。ところが、土谷の不当解雇撤回の闘いは、それがスタートだった。闘いは、予

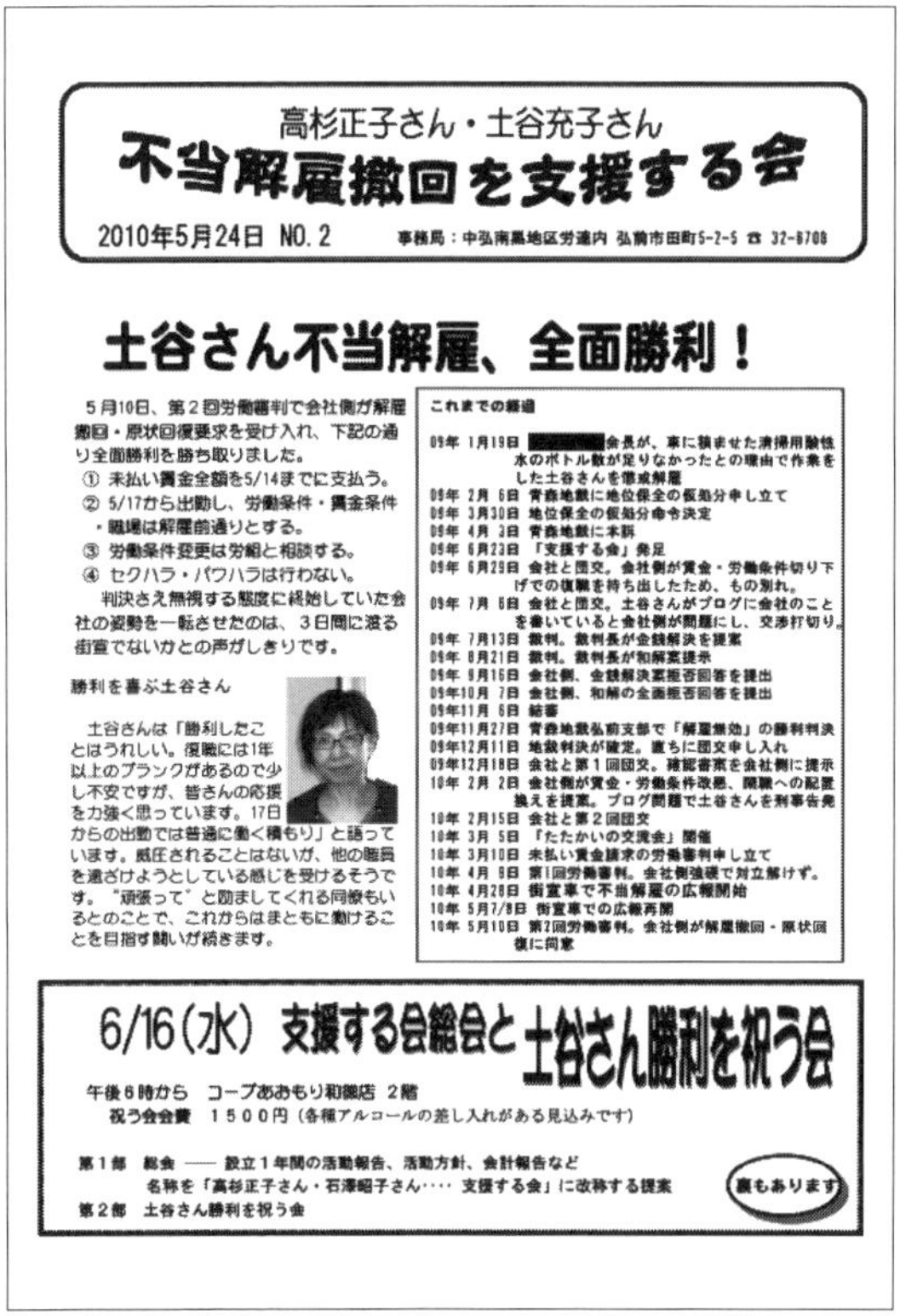
高杉正子さん・土谷充子さん
不当解雇撤回を支援する会
2010年5月24日 NO. 2　事務局：中弘南黒地区労連内 弘前市田町5-2-5 ☎ 32-6708

土谷さん不当解雇、全面勝利！

5月10日、第２回労働審判で会社側が解雇撤回・原状回復要求を受け入れ、下記の通り全面勝利を勝ち取りました。
① 未払い賃金全額を5/14までに支払う。
② 5/17から出勤し、労働条件・賃金条件・職場は解雇前通りとする。
③ 労働条件変更は労組と相談する。
④ セクハラ・パワハラは行わない。
判決さえ無視する態度に終始していた会社の姿勢を一転させたのは、３日間に渡る街宣でないかとの声がしきりです。

勝利を喜ぶ土谷さん

土谷さんは「勝利したことはうれしい。復職には1年以上のブランクがあるので少し不安ですが、皆さんの応援を力強く思っています。17日からの出勤では普通に働く積もり」と語っています。威圧されることはないが、他の職員を遠ざけようとしている感じを受けるそうです。“頑張って”と励ましてくれる同僚もいるとのことで、これからはまともに働けることを目指す闘いが続きます。

これまでの経過
09年 1月19日 [redacted]会長が、車に積ませた清掃用酸性水のボトル数が足りなかったとの理由で作業をした土谷さんを懲戒解雇
09年 2月 6日 青森地裁に地位保全の仮処分申し立て
09年 3月30日 地位保全の仮処分命令決定
09年 4月 3日 青森地裁に本訴
09年 6月23日 「支援する会」発足
09年 6月29日 会社と団交。会社側が賃金・労働条件切り下げでの復職を持ち出したため、もの別れ。
09年 7月 6日 会社と団交。土谷さんがブログに会社のことを書いていると会社側が問題にし、交渉打切り。
09年 7月13日 裁判。裁判長が金銭解決を提案
09年 8月21日 裁判。裁判長が和解案提示
09年 9月16日 会社側、金銭解決案拒否回答を提出
09年10月 7日 会社側、和解の全面拒否回答を提出
09年11月 6日 結審
09年11月27日 青森地裁弘前支部で「解雇無効」の勝利判決
09年12月11日 地裁判決が確定。直ちに団交申し入れ
09年12月18日 会社と第１回団交。確認書案を会社側に提示
10年 2月 2日 会社側が賃金・労働条件改悪、閑職への配置換えを提案。ブログ問題で土谷さんを刑事告発
10年 2月15日 会社と第２回団交
10年 3月 5日 「たたかいの交流会」開催
10年 3月10日 未払い賃金請求の労働審判申し立て
10年 4月 9日 第1回労働審判。会社側強硬で対立解けず。
10年 4月28日 街宣車で不当解雇の広報開始
10年 5月7/8日 街宣車での広報再開
10年 5月10日 第2回労働審判。会社側が解雇撤回・原状回復に同意

6/16（水） 支援する会総会と 土谷さん勝利を祝う会
午後6時から　コープあおもり和徳店 2階
祝う会会費　１５００円（各種アルコールの差し入れがある見込みです）
第１部　総会 ―― 設立１年間の活動報告、活動方針、会計報告など
名称を「高杉正子さん・石澤昭子さん‥‥ 支援する会」に改称する提案
第２部　土谷さん勝利を祝う会
裏もあります

想外の展開をたどることになった。

2　ブログ問題で解雇撤回――振り出しに

土谷解雇後に夫が妻の解雇撤回支援目的でブログを開設した。その全文が、土谷の地位確認請求申立に対する会社側準備書面の証拠資料として提出されている。会長に「天誅を下すこと」が目的とあるように、会長の公私混同の経営体質を批判したものや社員が情報提供したと思われる書き込みもある。

「K会長が黒と言えば赤でも社長以下……が黒と言わざるをえない恐怖経営」「この方は……課長でした。しかし、会社とは何の関係もない資料にK会長の息子の名前の漢字を間違えたというだけで、T会長の勘気にふれて課長から係長に……主任にまで降格させられた」。

「会長自身は、社員に対して電気の消灯やボールペンの持ち出し禁止等々、うるさく『経費削減』を言うのですが、自身は外国旅行するたびに購入する高額商品の請求書を会社に付け回しをしている」。

ブログは、会長批判よりも、解雇直後の労基署やハローワークとのやり取り、日々の取り組みの経緯などの書き込みが多い。経験がない裁判の成り行きに戸惑っているような書き込みもある。ところが、次のような、伝聞と思われる〝勇み足〟記述もある。

「『影』の部分の情報はいっぱい入って来ます。その多くは、税務処理の問題で『不正な経理』がされているとの話題です。」「法人税7千万円の追徴金支払いを命じられたそうです。……（社屋の前面ガラス張り車庫に積み上げられた4台もの高級）外車も……当然経費として認められません。」

ブログの存在を知った会社は、このブログが土谷夫妻によって作成されたものとみなして二〇〇九年六月に弘前警察署に名誉毀損で告発した。土谷夫妻は書類送検されたが、土谷は無関係と不起訴、夫は略式起訴され、罰金三〇万円を課された。会社側は、土谷不起訴を不服として検察審査会に申し立てた。

土谷は、夫が支援目的でブログを開設していたことは知っていたが、後述のブログ裁判で明らかにされたように、夫に会社情報を提供したことはなく、あれこれ書かないように求めてもいた。ブログは、「書きすぎって、奥さんに怒られた」と書き込んだ七月四日に閉鎖されている。

地位確認請求に対する二〇〇九年一一月の確定判決はブログ問題は土谷には無関係と認めたが、会社側は判決を無視して七月に解雇撤回を撤回した。ブログは閉鎖されていたが、会社側は、土谷夫妻に対して名誉信用毀損などを理由に二〇〇〇万円の損害賠償請求を地裁弘前支部に起こした。

土谷の解雇撤回の闘いは、ブログ問題が絡んで複雑な展開になった。

3　復職を待ち受けていたパワハラ

地位保全仮処分、地位確認請求、労働審判と相次いで勝利して出社した土谷を待っていたのは、職場で孤立させるパワハラだった。土谷は、パワハラに耐えつつ、被告として裁判を闘うことになった。土谷は、会社での日々を記録し続けた。以下は、手元にあるその記録にもとづく土谷に対するパワハラである。

土谷は、原職の生産管理課に戻ったが、その課の上司三人は土谷の監視役だった。勤務時間は一〇時からだが、通勤バスの関係で九時半には会社に着く。監視時間が長くなるので九時五五分より早く席に着くなと言われた。生産管理課の外線電話も外された。電話でのやり取りを土谷に聴かれないためへの措置である。

体育館と二階ミーティングルームに「土谷訴訟民事3件刑事1件」と記されたファイルとブログ・ファイルとが置かれていた。土谷と会社との関係を周知させ、社員が土谷に近づかないようにさせる嫌がらせである。親しかった社員もしだいに土谷から遠ざかった。

土谷は、昼食を外で独りで食べるようになった。社内で食べると、他の社員が会話を止めるからである。会社のイベントがあると、土谷を出席させないために休暇取得を強要された。

土谷は、生産管理課から製本課への配置換えを頻繁に求められた。配置換え理由に、勤務成績不良を挙げるのは常套手段だが、生産管理課の業務時間は九時から一七時四五分なのに土谷の勤務時間が一〇時から一七時なので業務に支障を来しているなどという身勝手な理由もある。

製本課には監視カメラが設置されているので、かたわらでの監視が不要だったことが配置換えの理由だろう。使用するトイレも、営業部の前を通るなど監視できるトイレを指定された。

労働審判無視の時給カット、勤務時間変更・カット

九〇〇円から七五〇円への時給カットが、勤務時間変更・短縮とセットでしばしば持ち出された。この要求は、労働審判に反して復職時にも持ち出され、六月と七月に時給カットの通告書が渡された。勤務時間変更・短縮は、九月には一〇時から一六時への変更通告、その三日後に九時から一五時半への変更が通告されている。時給カットは七月に、配置換えは八月に強行された。

会社側の仕打ちを土谷は常に労組に連絡し、それを支援する会で協議したうえで団交を要求した。パワハラ停止と時給カット、勤務時間変更・短縮を問題にした団交は、二〇一〇年だけでも五回開かれた。会社幹部が「給料をもらってもいない労組にいちいち相談するな」と無知を恥じることもなく威圧したこともある。

二〇一〇年六月の団交。労組要求は、労働審判に従わない時給九〇〇円の七五〇円への引き下げ撤回。以下は、そのやり取りでの会社側主張である。

「裁判、労働審判の賃金決定は法に基づいたものと聞いているが、企業によっては受け入れられない

こともある。」「日本のあらゆる企業が法律を守っているのか。企業防衛のためで、そんなにおかしいこととは思わない。」

会社側のこの言い分は、K印刷のような企業の無知ではない。日本では、バブル前の一九八六年に労働者派遣法が作られ、その後労働規制緩和による労働者の権利剝奪が進行した。「はじめに」で述べたように、とりわけバブル崩壊後の長期不況と地方経済の衰退で労働者に対する経営者の権力化、企業の無法が全国に拡大したことを反映している。

会社側が言う時給引き下げの根拠。「土谷が帰った後他の職員に点検させている。現在の業務は補足のみだから、それに見合った能力給である。」「他の職員はミスがあればペナルティを科せられている。土谷には科していない。それだけでも七五〇円は高いと思っている。」

団交では、土谷だけの引き下げ理由を挙げているが、時給引き下げ理由が転々としている。九〇〇円から七五〇円へのカットは、勤続が長いパート全員だった。土谷の能力に関わりないことは、明らか。そもそも土谷に九〇〇円に見合うとして業務を決めてきたのは会社。部下の業務を点検するのは上司の仕事である。土谷の勤務時間中に点検せず、帰った後に点検しているとわざわざ土谷に言うのは嫌がらせのためである。

ブログ刑事訴訟取り下げと引き換えの退職圧力に屈せず

二〇一〇年七月、会社正門前で帰宅する社員に労働審判の和解条項を掲載したビラ配り。会社側はビデオ撮影で妨害した。ビラ配りでの土谷に対するパワハラはなかったが、支援する会は肖像権侵害で抗議した。

二〇一〇年一二月中旬、二日間に渡って会社側の団交担当部長から呼び出され、ブログ問題を不問にするから無条件で自主退職するように迫られた。退職しなければ夫が勤務する学校や市・県教育委員会に「非違行為に対する抗議書」を送付し、夫の処分を求めるとも迫られたが、土谷が拒否した。その記録を要約すると、こんなやり取りだった。

本部長：旦那さんの勤務校やあちこちに文書を送ればマスコミが報道する。旦那さんの立場も考え、民事訴訟は取り下げないが、刑事事件は会社としてはこれ以上やりたくないと会長も考えている。

土谷：これは脅しか、交渉か。交渉なら労組を通してほしい。

本部長：脅しではないが、この件に関するあなたの条件は一切飲まない。ブログ問題の刑事部分は、労組に関係ないことだ。

土谷：ブログに私は関わりがない。検察でも私は何も聞かれなかった。不起訴通知もある。

本部長：それは検事の情状酌量。あなたに関する検事の不当な決定に検察審査会に異義申立をする。損害賠償請求が認められれば、懲戒解雇する。最初に会社が出した和解案を飲んでくれれば、こうはならなかった。

土谷：「自己都合退職、謝罪文、退職金支払い」は、裁判官もおかしいと言った。会社の一方的な言い分でしかなく、和解案でない。夫のことは、夫と話してほしい。

本部長：会社の考えがあるので答えられない。旦那さんには刑事判決が出ている。今更どうしようもない。

会社幹部との一対一のやり取りでも、少しも怯まず、ブログ問題は無関係との姿勢を崩さなかった。団交で〝敵〟と公言してはばからない会社に毎日出勤する土谷の心境は、想像を絶するものがあっただろう。会社の手口は、すべて退職に追い込むためだったが、それに耐え抜いていた。会社側は予想外だったようだ。

支援する会と弁護士との連携

二〇一〇年七月から土谷に対するパワハラ、賃金・労働条件引き下げへの対抗策を小田切弁護士と土谷と支援する会が協議し始めた。一二月に未払賃金、不当な扱い停止などを訴因とする地位確認請求を地裁に起こした。法廷を開かない弁論準備期日が二〇一一年二月から証人尋問が行なわれた二〇一一年八月までほぼ毎月六回開かれた。

対立する二つの裁判が並行した。土谷は一方で原告、他方で被告。次章の高杉正子の闘いも並行しており、支援する会は、ニュースの発行、傍聴呼びかけ、弁護士との協議、団交と多忙で、週二回開催も珍しくはなかった。

会社側提出の裁判文書は、弁護士から支援する会に渡され、支援する会で土谷も参加して検討。その結果を弁護士に伝え、必要があれば弁護士事務所で協議した。土谷側準備書面等は、弁護士作成の原案を支援する会で検討したうえで作成された。

二〇一一年五月、裁判官が双方に和解案提示を求めた。会社側「和解」案は、未払い賃金は支払わない、退職は自己都合、和解金として五〇万円を支払う、ブログ裁判は取り下げない、という和解協議の入り口にもほど遠いものだった。土谷側和解案は、土谷夫妻と小田切弁護士、支援する会が協議して、「未払い賃金等の全額支払い、ブログ裁判の取り下げを条件に会社側都合で退職を和解」になった。

土谷はブログ問題に無関係であるから、退職とブログ裁判の取り下げとをセットにした土谷側和解案は、必ずしも筋が通ったものではなかった。弁護士が、夫のブログによる名誉毀損に対して土谷が「遺憾の意の表明」を提案したことがある。この案は土谷と支援する会の反対で撤回されたが、ブログ問題の取り扱いが、支援する会でも弁護士との間でも十分に詰められていなかった。

4　裏目に出たブログ裁判

会社側の損害賠償請求（ブログ裁判）では、原告、被告双方が裁判官とやり取りする弁論準備期日がほぼ毎月あり、翌年の和解までの一年間に九回に及んだ。ブログ裁判の夫に関わることは支援する会の支援対象ではなかったが、土谷が被告になっているので支援する会会員にブログ裁判傍聴を呼びかけた。参加者は役員の他は数人程度。地位確認裁判に比べて少なく、ブログ問題が闘いの弱点であることを示していた。

二〇一一年八月三日、ブログ裁判がようやく証人尋問の段階になった。会社側は、和解でも証人尋問を希望した。土谷の共犯立証が狙いとみられた。土谷夫妻に対する土谷側弁護士の主尋問は各三〇分、会社側弁護士は反対尋問に六〇分と五〇分を要求した。

前日に小田切弁護士と土谷夫妻、支援する会が集まり、証人尋問の予行演習。会社側証人に対する反対尋問の項目と内容も検討された。

追徴課税七〇〇〇万円と高級外車をめぐる社長尋問

土谷側反対尋問で小田切弁護士が、税務調査で七〇〇〇万円の追徴課税されたと書き込まれていたブログについて会社側証人の社長に尋ねた。

社長‥それはあった。二〇〇八年に税務査察が入り、七年前に遡って調べられた。アメリカ研修旅費、値上がり期待というワイン購入費、顧客に配った数千万円のUSBメモリー購入費などが費用として認められず、追徴課税された。監査法人の承認を得ていた。税務署とは見解の違いである。

小田切弁護士‥七千万円、年一千万円は大きい。

社長‥会社の売り上げは一五億円ほど。それほど大きい額でない。

経営が苦しいとの理由で時給を一方的に切り下げながら、社屋正面に高級外車四台を飾っている目的が追求された。
社長：社有外車は、ベンツ、シボレー、セジニアトレーなど六台。購入費は一億円くらい。
小田切弁護士：どういう目的で購入したのか。
社長：社員の福利厚生用。希望があれば貸している。住んでいる所は都会でないが、気持ちは都会ということで購入した。
小田切弁護士：税務調査で購入費を否認された？
社長：否認されていない。それなりにプレミアムが付いているので投資でもある。
裁判官：社員に貸せば、売却利益が減るのでないか。

会長妻の海外旅行に会社名義の法人カードを使って、会社経費で落としていることも追求された。社屋に隣接するゲストルームは会社の接待用と証言したが、所有名義は会長妻。使用料は支払われていない。会長とその妻の公私混同振りも浮き彫りになった。

会社側弁護士の稚拙な尋問

会社側弁護士は、ほぼ半年にわたるブログ記載のひとつずつを取り上げ、二時間にわたって土谷夫妻を追及した。ブログがどのように作成されたかが詳細に分ったが、些末な追及が多く、どこに焦点を置いているのかが感じられなかった。

自宅は戸建てかアパートかなど、訴訟に関わりがないことをしつこく尋問して、裁判官に「本件に絞って質問するように」と注意されている。素人目にも稚拙に見えた。こんな質問もしている。

会社側弁護士：労働組合員？　奥さんが入っている組合との関係は？

土谷夫：関係ない。青森県学校事務職員組合の書記長。

会社側弁護士：書記長と言えば、共産党ではいちばん偉い人だが。

裁判官：代理人は、事実に関わることについて質問するように。

土谷に対する尋問は、夫に対する尋問とほぼ同じ内容を繰り返す焦点ボケ長尋問。会社側弁護士の尋問は、狙いとは逆に土谷がブログ作成にまったく関わっていないことを浮き彫りにした。ブログについての夫妻の証言にはズレがまったくなかった。会社側弁護士に対する土谷の鋭い反撃に傍聴席から笑いが起きるなど、土谷の証言が光った。

K印刷が「北朝鮮のような会社」「会長が黒と言えば赤も黒になる」は、ブログ以前に社長以下社員間の隠語だったことも明らかになった。

ブログに、社長は会長の操り人形と書かれたことに侮辱だと社長。自分の判断で解雇したと主張する社長に、「社長を悪くは思っていない」との土谷の発言に法廷が和む場面もあった。

証言がムリ筋であることは、社長自身が知っていただろう。K印刷は、会長の独裁経営。会長の弾よけにならざるをえない社長の姿が印象的だった。

土谷の関与を浮き彫りにしようとしたブログ裁判が会社側にとってまったくの裏目だったことは、誰の目にも明らかだった。会社側代理人弁護士の無能も際立った。弁護士は、法律の専門家だからどんな訴訟でも対応できると思われがちだが、四つの不当解雇問題に関わってきた経験から、労働問題の裁判は日本労働弁護団所属の弁護士のように労働裁判の経験を積んだ弁護士でなければ対応は難しいと実感している。

5　要求貫徹の和解と尊厳の回復

民事訴訟では、裁判官は和解を求める。並行する訴訟の二人の裁判官は、しばしば和解を求めた。二〇一一年七月から弁護士と和解案について協議していた。会社側からも和解案が出された。問題は、土谷が被告にされているブログ問題が絡むことだった。ブログは、妻の闘いを支援する目的で開設され、管理は土谷夫の一存だったとはいえ、不当解雇との闘いに無関係とは言えないので、支援する会は、ブログ裁判の審尋での傍聴支援を呼びかけてきた。しかし、K会長批判の〝勇み足〟は、土谷には無関係が土谷と支援する会の基本認識。和解案はそれを踏まえたものでなければならない。この基本を踏まえた和解が九月三〇日に合意された。法的にも道義的にも土谷に責任がないことが明確にされている。

① K印刷はブログ訴訟を取り下げ、損害賠償請求しない。
② K印刷は、復職後の未払い賃金、一方的に引き下げた賃金分、退職金を支払う。
③ 土谷は、会社都合で退職する。

要求をすべて勝ち取った和解

会社側は土谷退職のためにあらゆる手立てを尽くしたが、退職させることができなかった。土谷を会社から取り除くには、土谷の要求を丸呑みするほかなかった。事実、団交で社長が何でも呑むから退職してほしいと言ったことがあるが、土谷は要求のすべてを獲得している。

結局は退職したではないかと思われるかも知れない。会社が要求を丸呑みしたのは退職させるためだったが、要求丸呑みは会社の不当な措置をすべてはね返した成果である。「会社都合退職」の和解条件が示すとおり、退職に追い込まれたのではない。不当解雇との闘いの目標は復職して働き続けることである。しかし、K印刷は、会長の悪名が広く知られているような、働き続けるには悪すぎる会社だった。働き続けるか否かは、もはや選択の問題だった。

支援する会発会式の挨拶で、小田切弁護士が述べている。

「労働者は、K会長にとっては働かせてやっている単なる使用人でしかなく、何でも自分の思いどおりになると思っている、本当に古いタイプ（番頭さん、丁稚どんの世界の大店の主人）の経営者」「K会長は別格で……労使関係というのは彼の中には存在しない。」

不当解雇を高くつかせる

ブログ裁判も、裁判取り下げの代償に夫が五〇万円を支払うことで同時に和解になった。土谷への未払い賃金などの支払い額は約五〇万円。会社側は同額を夫から受け取って相殺できる。会社側要求の七〇万円を五〇万円に引き下げることに会社が同意したのは、この相殺が軸になったと思われる。

夫の和解金支払いを勘定に入れれば、土谷和解で会社側に持ち出しはなく、会社の狙いは果たされたかのように見える。K印刷は、懲戒解雇後の地位確認請求と労働審判で未払賃金一七八万円余に加え損害賠償三〇万円、計二〇八万円余をすでに支払わされている。加えて多額の弁護士費用がある。解雇中の賃金支払いとは、働かせない代わりに賃金を支払うことで、これほど高くつくものは他にない。不当解雇が高くつくことをK会長でさえ理解できたろう。

第3章

和解という名の金銭解雇に抗して

高杉正子が二〇〇八年八月末に土地改良区を懲戒解雇されてから二〇一二年四月初めに昇格・昇給で復職するまで三年八ヵ月。長い闘いを支えたのは、高杉、支援する会と弁護士との連携だが、その大部分は、和解という名の金銭解雇の受け入れを求める裁判官とこれに便乗した改良区の金銭解雇要求との闘いだった。闘いの突破口になったのは、改良区の〝弱点〟に気付いたことだった。闘いは、代理人弁護士が〝金星〟と言い、私たちは〝一二〇%の勝利〟と言える結末を迎えた。

なお、事務局長昇格で復職し、いまも事務局長で働く高杉の希望で土地改良区名、理事長・理事名などは伏せた。

1　改良区経理への疑問を口にして懲戒解雇

土地改良区とは

土地改良区は、法に基づいて設立される公共組合。事業は、農業生産基盤の整備、水利施設の維持・管理など。土地改良事業参加資格を有する耕作者が組合員になり、都道府県の認可を得て設立する。議決機関は組合員総会か、公職選挙で選ばれた総代からなる総代会。日常の運営は理事・監事からなる理事会が行なう。

土地改良区の運営は、公共事業である土地改良事業費と組合員からの組合費で成り立つ。土地改良区のカネの使い方は、マスコミでしばしば問題にされてきた。

二〇〇一年三月に栃木県の下野新聞が告発電話により調査のうえすっぱ抜いて以来、自民党党費や政経パーティ券の購入や土地改良区政治連盟の運営資金への流用が全国で問題になった。土地改良事業費で養われる土地改良区は、自民党の強固な支持基盤であり、集票マシンだった。職員による横領・使途不明金の頻発もしばしば表面化した。改良事業では公務員の天下りに絡む官製談合も少なくない。

懲戒解雇理由と事実

高杉は、土地改良区に臨時職員として一年、正職員の会計主任として四年間勤務してきた。会計主任は土地改良法で置くことが定められている。

二〇〇八年八月の理事会でS理事長が高杉の懲戒解雇を提案、了承され、高杉に通告した。当初の解雇通知書には解雇理由がなく、高杉の要求で解雇理由が後付けされた。高杉は、理事会で弁明し、さらに総括監事に訴願書を提出したが却下され、懲戒解雇が通知された。以下が解雇理由とそれに対する事実である。

① 工事用排水調整委員会（以下、工事委員会と略記）で決定した事項を土地改良区公表前に父親に話した。

〔事実〕工事委員会が高杉父の希望を受け入れなかったことを話したのは、工事委員の一人。この工事委員は高杉訴状に添えた陳述書でその経緯を述べている。工事委員会決定事項は、改良区側も認めているように機密事項でなく、組合員の問い合わせで知らせられていた。

② かなり古い事について改良区が不正を働いているとの噂が流れたが、高杉が風説を流布させたと推測される。

〔事実〕「かなり古い事」とは、基盤整備で使わなくなった官地を組合員に有料貸与していた問題で「残地問題」と呼ばれていた。貸与料は改良区の会計とは無関係なので、簿外にプールされていた。監事の一人が高杉に「残地」の会計資料の提出を求め、高杉が協力した。プール金があるべき額より少ないことが判明した。理事長らにはアンタッチャブルの「残地問題」に触れたことを解雇理由にしたが、裁判で争うのは闇を照らすことになると気付いたのか、仮処分申立に対する答弁書で撤回した。

③ 改良区が無くなればよい、無くなるかもしれないとなどと公言し、改良区に対する信用を失墜させた。

〔事実〕自分の職場の改良区が無くなればよいなどと公言していないし、するはずがない。この件についての本訴尋問では、聞いたのはS理事長によると監事だが、当時の理事長Kの証言ではK自身で、証言が食い違っている。Kは「聞こえるような聞こえないような声」と証言している。

④ 研修旅費の返還処理を理事長が命じたにもかかわらず、処理せず事務的に混乱させた。

〔事実〕かねてから研修旅行名義の観光旅行との疑問を抱いていた。不適正支出でないかと理事長に疑問を述べたところ、前理事長と事務局長の旅費の一部が返金されたが、返金額に疑問があり、受け取らなかった。過去分も含めて全額返還すべきと伝えていた。

⑤ 農林公庫へ提出する総代会議事録に理事長が割印なしで提出するように命じたにもかかわらず、

高杉が事務所保管の印章で割印を押印、提出した。理事長命令と異なる独断専行である。

〔事実〕高杉は、理事長命のとおり割印なしで提出している。地位保全仮処分申立で高杉側がその文書を提出したため、改良区は答弁書でこの解雇理由を撤回した。
⑥ 職員補充のため、理事長が職安への募集手続を命じたところ、自分で手続きすればよいと反論して命令に従わなかった。
〔事実〕事務局長が高杉に引き継ぎなしで辞職。事務局長業務まで負った高杉が後任事務局長の補充をS理事長に求めていたが、補充しようとしなかった。二〇〇八年七月、理事長が、前の理事長も事務局長も辞めた、オメも辞めるべきと言ったので、なぜ辞めなければならないのかと口論になり、「オメ、職安に行ってくればいい」と言ったのに対して、売り言葉に買い言葉で「理事長が行ってきてください」と言った。


初めに解雇ありで、解雇理由は高杉の要求で後付けされたため、懲戒解雇理由六件のうち二件を撤回せざるをえないようなズサンなものだったが、本訴では撤回されなかった。

懲戒解雇の真因は、改良区の支出について以前から抱いていた疑問を口にしたことである。同じ集落に住んでいるのに理事会出席に日当が支払われている、工事委員会のメンバーでない理事長が勝手に出席しても日当が支払われている、研修旅行の実態は観光旅行でないか、と。

高杉は、当時のK理事長と事務局長の求めで次の疑問も伝えた。理事長や事務局長ら役員が事務所でトランプ博打に興じ、昼休みを過ぎても止めない。組合員から苦情が寄せられている。川のポンプ場の管理業務委託料が事務局長や職員に配られたり、実態が観光旅行の研修旅費に廻されたりしている。

二月に当時の理事長Kに工事委員会の日当が支払われていることへの疑問を口にした時には「謝れ、謝らなければ理事会に諮って辞めさせてやる」と怒鳴ったKだったが、この日は「なにか疑問や不満があれば私に言いなさい」と穏やかだった。部下や社員がどんな不満や疑問を抱いているのか聞き出す常套手段だが、二月に辞めさせると怒鳴った行為に高杉父が抗議、Kが高杉家に出向いて詫びることになったからだろう。

この詫びは、後述のように高杉父が土下座させたとされ、高杉父の暴力体質とされて仮処分申立「決定」や地位確認請求申立判決に突き刺さるトゲになった。

改良区総代会は、いつもはシャンシャンで三〇分もかからずに終わる。二〇〇八年三月の総代会は、高杉父の発言などで紛糾した。その責任を取るとして理事長がKからSに交代したが、改良区の実権を握っていたKは副理事長で残った。

高杉とS、K、O事務局長の関係は、高杉が監事の要請で「残地問題」の資料を調べ、あるべき残金額より少ないのでないかとSに言ったときから急速に悪化したと高杉は感じた。そのうえに、解雇理由とされた職員補充や研修旅費返還などの問題でのSとのやり取りが、高杉懲戒解雇に向かわせた。

O事務局長が高杉との関係悪化を理由に六月三〇日に突如辞職した。高杉の地位保全仮処分申立に対する改良区答弁書に添えられたO前事務局長の陳述書に辞職理由が述べられている。

「普段は、ほとんど口も利かない状況の中、父親が来たときだけ、口汚く罵るさまに私も神経がズタズタになり……精神的に追い詰められ食事も満足に取れない状態になった私は……退職することになりました。」

上司が部下の高杉の〝パワハラ〟に耐えられず辞職したとの筋書きである。本当なら懲戒解雇相当だが、解雇理由にはない。Oは、高杉解雇後に復職している。

2　労組活動と裁判闘争とを結合する闘い

高杉父のひと言が裁判のトゲに

高杉は、地区労連に相談、県労連のひだまりに加盟し、二〇〇八年九月青森県労働委員会にあっせん申請したが、改良区はあっせんを拒否。解雇撤回を求める団交も拒否した。一二月、地区労連顧問の葛西聡弁護士に代理人を依頼し、青森地裁弘前支部に地位保全仮処分を申し立てた。

改良区側答弁書に、S理事長、K前理事長、O前事務局長、T理事らの陳述書が提出されている。Kと前事務局長の陳述書には、高杉にKが辞めさせてやると怒鳴った件で、怒った高杉父に土下座で謝らせられたとの記述がある。

T理事の陳述書には、高杉父が事務所へ来て「塚本のわげものば連れてくる」と叫んだとの記述がある。「塚本」とは、以前に弘前にいたヤクザの組長で年配層には名が知られていたらしい。高杉父がそのヤクザと関係を持っていたのでも、知り合いだったのでもない。怒りで咄嗟に口から出たにすぎない。それは高杉父の行為であって、高杉には関わりがない。だが、後述のとおり、高杉父のこのひと言がその後の裁判に突き刺さるトゲになった。土谷裁判での夫の行為もそうだったが、労働者側は些細なミスやトゲも命取りになる。

地裁「解雇有効」、高裁「解雇無効」

葛西弁護士作成の仮処分請求申立書と改良区側答弁書に対する反証は、改めて読んでも隙がない完璧なものだった。ところが、翌二〇〇九年三月二七日に出された仮処分に対する「決定」は、申立を却下したうえに、高杉が理事長の指示に従わなかった、理事長らに返還を求めた旅費の受け取りを拒否した、高杉父が前理事長を土下座させたり、反社会的勢力との関係をほのめかしたことを黙認したと認めた。雇用を継続すれば改良区が高杉父によって絶えず脅かされることになるとして、解雇は権利濫用に当たらず有効とした。解雇有効を前提に、改良区側の主張を丸呑みして事実認定を歪め、針小棒大に解釈した「決定」だった。

二〇〇九年四月、原決定取り消し等を求めて仙台高裁に即時抗告。審理は高裁秋田支部で行なわれた。五月に改良区側が答弁書提出、これに対する高杉側主張書面が八月に提出され、一一月に高裁秋田支部で抗告審「決定」が出された。

高杉は農業自営の両親のもとで暮らしているなどの理由で給与の仮払いの必要性は認められず、仮処分としては却下されたが、抗告審「決定」は、地裁弘前支部の解雇有効「決定」を覆して、解雇権濫用を認めた。「改良区が無くなればよい」と言った、職安募集の理事長指示に従わなかったなど改良区主張のいくつかを事実と認めたが、非違行為が信用を失墜させるほど重大とは言えないとし、この二点をもって「最も重い懲戒解雇は酷に失し、社会通念上相当と認めることは困難」、解雇権濫用に当たるとした。

弁護士と高杉、支援する会との連携

二〇〇九年一二月、地裁弘前支部に地位確認請求申立。仮処分で解雇無効を勝ち取っても、それは賃金の仮払いが認められるか否かの前提にすぎない。解雇無効を法的に確定するためには、地位確認請求、本訴で勝たなければならない。

本訴状提出から二〇一〇年七月まで、七ヵ月間にわたって改良区側の答弁書と四回の準備書面の提出、これらに対応しての高杉側意見書・準備書面の提出が続いた。改良区側文書は、葛西弁護士から支援する会に渡され、支援する会で高杉も参加して検討。高杉側準備書面は、葛西弁護士が作成した原案を支援する会で検討し、その結果を踏まえて葛西弁護士事務所で協議された。

この間に法廷を開かない弁論準備手続が翌二〇一一年六月八日の証人尋問まで実に一二回も行なわれたが、その大部分は双方が書面提出ごとに開かれる提出確認手続きである。そのたびに私たちは葛西事務所に集まって対応を協議し、数分で終わるが支援者に地裁に集まってもらい、経過を報告する機会にした。二〇一〇年一月の第一回弁論準備手続には参加者三六人。地裁のロビーを埋め尽くした。

3 和解という名の金銭解雇

裁判官が和解強要

一年余、一二回もの弁論準備手続の間に裁判官が繰り返し求めたのは「和解」だった。高杉は、仮処分申立の審尋で「解職されたことに納得できない」「金銭による解決には応じられない」と陳述している。「納得できない」が最後まで高杉を支えた。

裁判官の求めに応じて、改良区が二〇一〇年六月に提出した最初の「和解」案は、解雇撤回だが雇用契約は二〇一〇年八月三一日まで、解決金三一〇〜三五〇万円支払いの金銭解雇だった。

七月の第六回弁論準備手続を終えて出て来た高杉が「私はおかしいのでしょうか」と言う。改良区の和解案を拒否したところ、裁判官から「復職できるとでも思っているのか」と言われた、「おカネを受け取って辞めるべきなのでしょうか」と言う。

その場面はいまも鮮明である。「闘って負けても後悔しないが、闘わずにカネを受け取って辞めれば、なんで辞めなければならなかったのかとの後悔が必ず残る。目の前の困難な現実でなく、懲戒解雇されたときの思いに立ち帰ること」、私はそう説得した。その後、高杉が原職復帰と金銭解雇との間で揺らぐことはなかった。

堂々めぐりの「和解」協議と団交

裁判官の求めに双方が和解案作成。高杉側和解案は、未払い賃金額で譲歩はしてもあくまで原職復帰。改良区側は、金銭解雇を譲らない。和解協議は、弁論準備手続を踏まえた団交で行なわれた。改良区との団交は、二〇一〇年九月から翌年四月末まで五回に及んだが、物別れの繰り返しだった。

改良区との団交でのやり取り。懲戒解雇の法律を知っているのかとの追及に、理事長のSが「農家だから知らない、あんた方のようにものを知っていればこういうことにはならなかった」と言った。懲戒解雇をしておいて農家だから法律は知らない、知っていればしなかったと言いながら、解雇撤回には応じない。

団交は改良区がある地域の公民館で行なわれたが、改良区側出席が代理人弁護士だけのこともあった。改良区側弁護士は、「一年更新では和解が成立しないことは分かっているのだが、理事会にもメンツがあり、復職して働けるのかということで、この和解案を出している、勝てないと言っているのだが」とぼやいたこともある。

理事長や代理人弁護士の姿勢にもかかわらず長い闘いにさせたのは、後に見るように実権を握るKともう一人の黒幕が後にいたためだった。

二〇一〇年一〇月、改良区が原職復帰の「和解」案を出してきた。ところが、処務規程や給与規程その他が変えられ、雇用はすべて「一年雇用の契約職員」に改悪されていた。復職一年で解雇を狙ったものだった。

さらに、復職後適用の処務規程には、新たに「機密条項」規定を新設。旧規程が一条であるのに比べ、新服務規程の懲戒条項は四条二二項もある。異様に肥大化させ、かつ子細であるだけでなく、「機密」が情報内容でなく、事務所内にある記録されたすべての媒体そのものを指定するという異常さ。高杉復職を念頭に置いて懲戒条項を拡大させたものである。高杉復職に合わせて、規定作りに不慣れな者がにわか作りで変えたらしく、条項間で矛盾していたり、法に反するもの、社会常識に反する規定も少なくない。

第二条で「職員」に契約職員を含める規定を設けながら、他の条項では「職員又は契約職員」としている。高杉復職を念頭に「契約職員」規定を書き加えたと思われる。

「労働基準法に準じて有給休暇を与える」となっているが、「準じる」の内容が明確でなく、有給休暇以外の休暇規定がない。使用者都合に沿う休職規定に「精神病又は勤務のため病気が悪化する恐れある疾病に罹病したとき」とある。〝精神病〟という病気はない。〝精神病〟の特別扱い（差別扱い）が通用しなくなっていることを知らない、古い体質のままである。

就業規則の一方的変更によって雇用・労働条件を改変することと労働契約法との関係、これに関わる訴訟の最高裁判決を調べた。改良区の改変は、労働契約法違反、最高裁判決でも無効該当事例であることを確認して改良区にこの事実を通告し、これらの条項の削除か修正を要求したが、改良区は拒否した。

二〇一一年二月第一一回弁論準備手続で改良区が二つの新たな「和解」案を提出した。和解金五〇〇万円で二〇一一年度末自己都合退職か、原職復帰するが新処務規定・給与規定受け入れで賃金カット、雇用は一年雇用で二〇一五年度まで更新。いずれも金銭解雇である。

改良区「和解」案を葛西弁護士、高杉、支援する会が検討して回答した。和解の基本要件は懲戒解雇の撤回。懲戒解雇の撤回とは、解雇前の処遇の回復を言い、少なくとも以下の条件を満たすことが必須である。①雇用期間の定めがない正規職員であること、②解雇時の年間総支給額を保障する賃金であること、③基本的に解雇時までに従事していた業務であること。

あくまで退職を狙う改良区のと間の和解協議に一年を費やしたが、葛西弁護士、高杉、支援する会は和解協議の終了を決め、裁判での決着を裁判官に通告した。

証人尋問

二〇一一年六月の証人尋問に向けて、葛西弁護士作成のA4判一八ページに及ぶ原告被告双方に対する尋問案で尋問項目の検討と予行演習が葛西事務所で行なわれた。

証人尋問では、以下のことが明らかになった。

高杉の勤務態度と前理事長Kに対する態度についてのKの証言。

「まじめ、普通だった高杉の態度が変わったのは二〇〇七年頃から。挨拶もしない、口も利かない、脇を向いて茶を出すが、私には茶も出さない。理由は分からない。二度注意した。二度目は二〇〇八年三月。態度が変わらないので謝れ、理事会にかけて辞めさせると言ったら、かけるならかけろと言った。」

「三月に高杉に謝れ、謝らなければ理事会にかけると言ったことで、高杉父が怒っていると事務局長から電話があった。土下座して詫びないと許してもらえないと思ったので、高杉宅に入ると一方的に土下座した。事を大きくしたくなかった。」

Kは、理事長を辞任した理由を、「高杉が反抗的態度を取り、高杉父が事務所にきて嫌がらせをするようになった。理事長を辞めれば丸く納まると思ったから」と証言した。

高杉父の行為は解雇理由でないので証人ではなかったが、後述のように地裁判決を左右した。改良区側は高杉父がKを土下座させたと主張していたが、土下座が自らの行為だったことを認めた。

Kが任期途中で辞任した理由を葛西弁護士に尋ねられたS理事長は、「一身上の都合で辞めるとの辞表を受け取っただけ、全然分からない」と答えている。

後任事務局長補充の件についてのSの証言。

「高杉に事務局長にならないかと言ったが、断られた。Oに復帰を求めたが断られた（実際は復帰している）。高杉からいま戻られても困ると言われた。高杉に職安に行くように頼んだと思う。職安に行ったのかと聞いたら、理事長が行ってこいと言われた。」

官地を組合員に有料貸与していた「残地問題」での葛西弁護士とSとのやりとり。
葛西弁護士：正子さんが風説を流布したと推定されると書いてあるが。
S：正子さんが、使い込みしたってほら吹いて、村中を賑やかにしてしてしまっただね。
葛西弁護士：正子さんが風説を流したと推測した根拠は？
S：勝手に調べただべさ。
葛西弁護士：あなたの名前で出した解雇通知書に書いてあるが。
S：これ、私は書いてねぇ。
裁判官：代理人は推測した根拠を聞いているだけでしょう。
S：解職の理由に、これもごく一部入っているってこと。

葛西弁護士の尋問に対するSの返答は、ずれていることが多い。聴かれていることを理解できないらしい。SとKが提出した陳述書に対する葛西弁護士の尋問に、そう書いてあるのならそうなのだろう、覚えていない、記憶にないと他人が書いたかのような答えが多かった。この時は気付かなかったが、陳述書を書いたのはおそらく後述の黒幕だろう。

尋問終了後、葛西弁護士は立証しようとしたことはほぼできたと思うと言った。傍聴者三七名。傍聴席はほぼ満席だった。

ここでも裁判官は「和解」を求めたが、双方が拒否。判決を待つばかりになった。

裁判官の労働者観・人間性が出た地裁判決

九月七日、青森地裁弘前支部は、懲戒解雇無効・普通解雇にも該当せずとの高杉勝利判決を下した。改良区が挙げた五つの懲戒解雇事由のうち、①工事委員会の内容を外部に漏らした、②改良区がなくなればよいと言った、③他人の判を勝手に使って書類を作成した、の三点は懲戒解雇事由に該当せずと斥けた。しかし、④Kが返そうとした手当を受け取らなかった、⑤理事長が職安に行くように言ったことに従わなかった、の二点は懲戒解雇事由該当と認めたうえで、④については理事長の対応にも問題があったこと、⑤については理事長との一連のやりとりで生じたこと、として、この二点を以って懲戒解雇することは解雇権の濫用で、解雇無効とした。この判断は、地位保全仮処分請求に対する高裁「決定」に従ったものと思われる。

しかし、判決では、改良区側の言い分を裏付けを示さずに一方的に認めている点が少なくない。高杉が「改良区などなくなってしまえばいい」と言ったと認めたり、「会議出席手当を返せとは言っていない」と証言しているにもかかわらず、「手当の返還を求めておきながら、受け取らなかった」と認定し、懲戒解雇事由該当とするなど、判決は訴状と準備書面での反証、尋問を無視しているとしか思えない。

地裁判決が勝利感を消し去ったのは、次の判決部分だった。

「原告は、会計主任として行なうべき職務を懈怠し、あるいは、理事長からの業務上の指示に従わなかったものであって、……上司に対する言動も、社会人として不適切なものというほかなく、その勤務態度は不良である。」

「原告は、自分の考えや行動に固執するあまり、思考の柔軟性や、職場内での協調性に欠けており、かつ、上司……の注意に耳を傾けようとする姿勢にも欠けている。」「とりわけ原告が、事務職員である立場をわきまえず、今後も柔軟性や協調性に欠ける態度や上司からの業務上の指示に従わない態度を繰り返すなど、前記説示に係る言動等を繰り返す限り、なお一層被告の業務遂行に支障を来すべき事態となることは明らかである。……本件解雇には、普通解雇としてみても、客観的に合理的な理由があるものというべきである。」

葛西弁護士は、高杉側準備書面で改良区は高杉「個人の性格・言動が反抗的であり強調性がないために解雇したもののように描こうとしている」と指摘しているが、判決はその指摘を無視、高杉の人格、人間性を深く傷付けた。金銭解雇を拒否し続けた高杉に対する報復とさえ感じさせた。解雇無効を勝ち取っても、デタラメな解雇理由が却けられない限り、不当解雇された者の尊厳は回復されないことを思い知らされた。

4　弱点を攻める

不当解雇撤回は闘いである。闘いの常道は相手の弱点を攻めること。Kら一部の理事が好き勝手に支配し、六一二人の組合員はすべてお任せの改良区のどこに弱点があるのか、考えても分からなかった。

しかし、形式的にせよ理事会は総代会に業務、会計を報告し、承認を得なければならない。理事会は改良区組合員に仮処分でも本訴でも解雇無効になったことを知らせていなかった。

報道各社には裁判を取材するように申し入れてきた。その効果か、地裁判決は、地元二紙と朝日新聞地域版で報道されたが、改良区組合員には伝わらなかった。

高杉解雇をめぐる実態を組合員や総代に知らせることが、少なくとも理事会の〝弱点〟になる。問題は、対象を限って知らせる方法だった。街頭宣伝車を使えば前者はクリアできる。ネックは、改良区地域が高杉の居住地であることだった。地域への宣伝は、高杉に対する誹謗・中傷を招き、孤立させる恐れがある。慎重にならざるをえなかった。

支援する会は、九月一四日にビラの地域全戸配布を決めた。決め手は、高杉が「なにもしなくても言う人は言う。気にしなければいいだけ」と決断したこと。農村地域ではあることを考慮して街宣車は止めた。個々の家が農家なのか、改良区組合員なのか、総代なのかは分からない。とにかく全戸配布で地域全体に広く知らせれば理事会に打撃になる。

予想外の改良区〝民主化〟

一〇月三日支援する会と会員で上掲ビラ一〇〇〇枚配布。その成果は、理事会が控訴を諮った臨時総代会に表われた。控訴に賛成一三、反対九、棄権四で賛成は過半数にならなかった。すべてKら一

青森地裁
弘前支部

弘前[redacted]土地改良区の職員解雇に無効判決

懲戒解雇理由を認めず

二〇〇八年八月、弘前　土地改良区は会計担当職員を「不正があるかのような風説を流した」等の理由で懲戒解雇をしました。解雇された職員が解雇無効を訴えていた裁判で、九月七日に青森地裁弘前支部は、職員の請求をほぼ全面的に認めて懲戒解雇無効の判決を言い渡しました。改良区が求めた普通解雇も認めませんでした。

判決が認めたのは、解雇前の雇用関係と権利の存在、手当・賞与を含む解雇前の賃金を解雇後から判決確定まで支払うこと、未払い賃金の仮執行の権利です。

改良区の懲戒解雇理由と判決

判決は、五つの解雇理由のうち、ひとつは事実そのものを否認、「業務に支障を生じさせた」「信用を失墜させた」については、その証拠がないとして却下しました。理事長の会議出席手当をめぐるトラブルについては、理事長の対応にも問題があること、事務局長の補充をめぐる対応については行きがかり的やりとりでありいずれも懲戒解雇は苛酷で、解雇権の濫用に当たるとして却下しました。なお、解雇理由のひとつで「改良区に不正があるかのような風説を流した」は、改良区が裁判で撤回しました。残地に関わる問題が法廷で表沙汰になるのを避けたと見なれます。

二年近い和解協議の末、最後はソッポ

二〇一〇年一月に始まった裁判は、同年六月に裁判官の勧めで和解協議に入りました。紆余曲折の末、二〇一一年三月には「雇用期限なしの正職員として復職」で合意が成立するところまでいきました。しかし、細部の詰めの段階で改良区が交渉に応じなくなり、やむなく判決となりました。

改良区が控訴、裁判費用は誰が負担？

未払い賃金には年利五%の利息が認められています。その額は、解雇から二〇一一年九月までの三年分で六百万円を超えます。これに裁判費用と弁護士料が加わります。

判決後、私達は話し合いを求めましたが、改良区は拒否し控訴しました。裁判が長引くほど、費用はかさみます。その費用を改良区の組合員が負担するのでしょうか。

青森県地域一般労働組合（ひだまりユニオン）
青森市大野若宮 165-19　☎017-762-6234
中弘南黒地区労連
弘前市田町 5-2-2　☎0172-32-6708
不当解雇撤回を支援する会
中弘南黒地区労連気付

部理事が支配し、彼らに批判的な意見を言えば除け者にされかねない改良区で前代未聞の事態だった。責任を問う声に、理事長が「高裁で負けたら、役員全員は辞任」と回答したとも伝えられた。

さらに、二〇一二年三月の二〇一一年度総代会。総代会は、例年は議案一括説明、拍手で一括承認、三〇分程度で終わってきた。ところが、この総代会では、事務局長が議案ごとに説明、質疑応答、挙手での裁決になった。終了まで約二時間。これも、この改良区では前代未聞である。

不当解雇の闘いが、改良区の運営を〝民主化〟するという、予想もしなかった成果をもたらした。

完勝の控訴審判決――改良区控訴裏目に

地裁判決は不満が残るものだったが、控訴理由にならない。改良区に控訴しないようにビラの全戸配布で圧力を加えたが、阻止できなかった。二〇一一年九月

に改良区が控訴。一一月一〇日、組合員に以下の趣旨の控訴理由書が配布された。

地裁判決は、高杉が上司の指示に従わないなど改良区業務に支障を来し、事務に混乱を招いたことは懲戒解雇の理由に該当するとしている。普通解雇の理由になり得るとした他の対応については改善の可能性を重視して地位が確認されたが、改良区の主張がある程度認められている。もっと踏み込んだ高裁判断を求めるため控訴することにした。

一一月に提出された控訴理由書の控訴理由は、不当な地裁判決をほぼそのまま踏襲したものだった。審理は高裁秋田支部で行なわれた。口頭弁論が二〇一二年一月一一日、二月六日に開かれた。口頭弁論と言っても、数分で終わる。それでも、支援する会はマイクロバスを仕立て、毎回一〇人以上が片道三時間の距離を秋田に通った。改良区側は、第一回が代理人弁護士と後述の黒幕女性だけ。第二回は黒幕女性のみ。

ここでも裁判官は和解協議を求めた。改良区側提出の「和解」案。

①懲戒解雇を撤回、②原審判決どおりの金額支払い、③二〇一二年三月までは解雇以前の条件で、同年四月以降は新処務規定・業務命令に従って一年雇用で復職、が条件。社会保険適用など細部で上積みしたが、〝新処務規定・業務命令に従う〟に固執。高杉拒否で結審した。

三月一四日控訴審判決言い渡し。改良区側は敗訴を覚悟したのか、弁護士も理事長らも、後述の黒幕の女性も姿を見せなかった。

弘前[redacted]土地改良区
職員懲戒解雇事件は

高裁も解雇無効判決

懲戒解雇無効判決は三度目

二〇〇八年八月、弘前　土地改良区が職員を懲戒解雇した件は、二〇一一年九月、地裁弘前支部が懲戒解雇無効と判決しましたが、改良区はこれを不服として控訴。その控訴審判決が三月一四日にあり、高裁秋田支部は改良区の控訴を却下しました。

解雇無効の判決は、これで三度目です。

最初は、地位保全の仮処分申請に対する高裁秋田支部判決。地位保全の仮処分は緊急性が無いとの理由で認められませんでしたが、解雇そのものは解雇権の濫用との判決でした。

二度目は、地裁弘前支部の解雇無効判決。そして、再び高裁秋田支部の解雇無効判決でした。改良区の解雇が認められたことは一度もありません。

地裁弘前支部と高裁秋田支部の判決の解雇無効に至る論理は、最初の高裁秋田支部判決をほぼ踏襲しています。裁判官が変わっても、解雇無効に至る論理は強固で変わらない事が分かります。

今回の高裁判決は、地裁判決よりさらに踏み込んで、例えば契約上の業務でないお茶を出す出さないを解雇理由としていることへの批判など、解雇理由の全てを明確に斥けており、改良区にとっては控訴が裏目に出た判決となりました。

なんのための控訴？問われる改良区の姿勢

一月の高裁の第一回裁判は、一分も掛らずに終わりました。改良区が新たな証拠提出や証人申請をせず、二回目での判決に同意したからです。出廷したのは代理人弁護士だけでした。判決公判では、原告なのに役員も弁護士すら出廷せず改良区側の人は誰もいないという有様でした。

「事実がない」「証拠がない」として斥けた地裁判決に、改良区は「運営に重大な支障を来させた」「信用を失墜させた」と針小棒大的に繰り返して地裁判決を批判しているだけでした。解雇された職員側の答弁書に対する反論も提出されませんでした。

なんのために控訴したのか、真意を図りかねる対応ぶりでした。

無益な裁判、膨れ上がる組合員負担

控訴を承認させた改良区臨時総代会では、控訴賛成は出席総代の半数に止まったと伝えられています。役員の責任追及発言さえ出て、「高裁で負けたら役員全員が辞任する」との答弁もあったとも伝えられています。

一部役員のメンツや責任の先送りのために、最高裁に上告するのでしょうか。裁判費用だけで三百万円余が計上されているそうです。労組との交渉も弁護士任せ。勝つ見込みがない裁判を繰り返しても、役員の懐は痛まないでしょうが、組合員の懐は痛み続けます。

地裁判決後の復職に向けた協議申し入れにも応じませんでした。復職させなくても、判決により賃金は支払い続けなければなりません。

判決に従って職員を復職させて、改良区の運営を一日も早く正常化することが組合員の利益になるのではないでしょうか。

青森県地域一般労働組合（ひだまりユニオン）
青森市大野若宮 165-19　☎017-762-6234
中弘南黒地区労連
弘前市田町 5-2-2　☎0172-32-6708
不当解雇撤回を支援する会
中弘南黒地区労連気付

判決は、改良区が挙げている五つの解雇事由について、改良区の規程に照らして「懲戒事由」の存否を検討している。「懲戒事由あり」としているのは、「研修旅行の支出と返還に関わる件」と「職安に行くようにとの理事長の指示に従わなかった」の二点。他は、事由なしで斥けた。

問題は、「懲戒事由あり」の意味。改良区は、これを「懲戒解雇に値する」と読んで控訴したと思われる。判決は、改良区の規程に照らして形式的に「懲戒事由」に当たるか否かを検討し、該当する場合は、それが懲戒解雇事由または普通解雇事由になるか否かを二段構えで検討している。

その結果、懲戒処分を受けたこともなく、二〇〇七年まで問題なく勤務しており、非違の程度はいずれも軽微、この二点によって何らかの具体的な損害が生じたとは認められないと認定。これらを以って最も重い懲戒解雇を選択することは社会通念上相当とは認められず、懲戒権の濫用と判決。さらに、普通解雇についても、ほぼ同様の理由で解雇権の濫用として厳しく斥けた。

解雇無効とする論理の組み立ては、仮処分高裁判決以来、地裁判決、高裁判決も同じだが、高裁判決は、解雇無効理由を一段と明確にし、改良区の主張のほとんどを斥けた。

さらに、高裁判決は、解雇に至る理事長らの対応について、「謝らなければ辞めさせるなどと威嚇的な言動をしたことが発端」、解雇は「理事長が腹を立ててなされた側面が大きい」、「理事長らの対応にも問題がある」、「改良区の種々の主張は、証拠に基づかず漠然とした可能性を述べるに過ぎない」などと、改良区を厳しく批判した。

地裁判決は、高杉や高杉父に対する不必要、不適切な批難もあるなど容認しがたいものだった。高裁判決は、このような批難もなく、見識を感じさせるものだった。控訴は不本意だったが、控訴判決によって、全面勝訴と言える結果を勝ち取ることができた。

控訴は、改良区にとってまったくの裏目。三月二四日の改良区総代会で、判決を見せろとの総代要求に応じなかったと伝えられる。理事長らが受けた衝撃の大きさが分かる。

高裁判決を改良区地域に知らせるため、「高裁も解雇無効判決」ビラを全戸配布して、理事会が隠している高裁判決を地域に知らせた。

5 昇格・昇給で復職——一二〇%の勝利

影で操っていた事務局長妻

高裁判決を受けて、改良区が高杉復職を受け入れた。復職条件の交渉前に復職書が郵送されてきたが、改悪された処務規程適用が前提とされ、新しい給与表では昇給もないことが分かった。復職合意の前提は原職復帰、解雇前の職種、賃金労働条件が前提で、新処務規程は受け入れらない。改良区の復職書の拒否を支援する会で再確認して、復職交渉に臨んだ。

二〇一二年三月三一日復職交渉。交渉に地裁証人尋問や高裁で見かけきた女性が出席した。私は支援者かと思って会釈していたが、無視された。それもそのはず、O事務局長の妻で、事務局長が今日付で辞職したので妻が代理と紹介された。

それで前からの疑問が氷解した。改良区職員でもないのに、副理事長のKと組み、高額の手当付きで裁判を引き回していた。改良区のズサンな運営実態の一部である。仮処分申立に対する答弁書に添えられた、S、K、Oらの陳述書を作成したのも彼女だろう。あの稚拙な新処務規定が彼女の作と分かった。以前から事務局長の仕事を影で支えていたとも言われる。

しかも、改良区地域に撒いたビラの件で、「HAYOO知恵袋」で私を誹謗中傷していたことも分かった。「行きがかり上少し関わりのある職場の解雇問題に対する中傷チラシ」が撒かれた、「これには弘前大学を退官した名誉教授なる人物が解雇撤回を支援する会の会長として、労働組合員でもないのに団体交渉の場に乗り込んできて労組幹部の代わりに発言したりと大変だった」、「解雇理由の裁判所の判断も自分に都合良い事だけ記入したり」「細部に嘘を並べるチラシにその事業所は、ウンザリしている」「およそ、一般良識の有る人間の文章には思えない物」などと書き込んでいる。匿名だが、「行きがかり上少し関わりのある職場の解雇問題」で事務局長妻の書き込みと分かる。

団交は、新処務規程の適用、撤回の応酬になった。改良区側はもっぱら事務局長妻が発言。私は、新処務規定の問題点と矛盾を精査していた。私と事務局長妻との応酬になったが、理事会側が新処務規程を撤回した。

事務局長が退職したので会計主任で復職する高杉が事務局長業務も兼任することが新たな復職条件として出された。高杉も支援する会の出席者も受け入れる意向だったが、私は検討の必要があると主張。事務局長妻が、本人が納得しているのになぜ口を挟むのかと私を攻撃したが、この日の団交を打ち切った。

事務局長業務兼任について支援する会で話し合った。私は、会計主任が事務局長業務兼任でなく、高杉の事務局長就任と昇格による一〇〇万円の賃上げを提案して了承された。だが、高杉は思ってもいなかった事務局長就任に戸惑っていた。

翌四月一日、高杉は私に電話で事務局長就任を断ってきた。話し合ったが、翻意させられなかった。

翌日朝にも説得した。事務局長であろうがなかろうが、事務局長業務を負えば責任を問われる。ならば、権限を持つべきだ。一人職場でも立場が違えば、見える風景が違う。事務局長になれば、理事会にも出席するし、総代会でも議案の説明もする。全体が見える立場に自分を置けば成長できる、と。

高杉が躊躇したまま復職団交二日目になった。午前中に私が作成した改良区への回答書を確認するため支援する会が開かれた。ところが、事務局長就任にひだまり委員長が猛反対した。労働者は、責任を負うことになる要求をすべきでないという。私は、〝物取り主義〟的な労組の在り方に若い時から疑問だった。激論になったが、高杉が事務局長就任を決断、回答案で団交に臨むことになった。

団交には理事長、理事七人と事務局長妻が出

事務局長デスクの座り心地は？

席したが、すべてを取り引きろうとする事務局長妻と私とのやり合いになった。理事の一人が事務局長就任と一〇〇万円賃上げでも二人が一人になるので人件費が減ると発言した。この発言が交渉の流れを作った。不満だったのだろう、事務局長妻は途中退席。この二点を軸に復職合意書を交わすことになった。

四月三日支援する会作成の復職合意書交換。四月四日復職第一日、高杉は事務局長として出勤した。私たちは〝一二〇％の勝利〟と評価、葛西弁護士も〝金メダル〟と言った。

高杉は今も事務局長として働いている。不当解雇を控訴審判決で厳しく批判された理事長との関係は良好である。団交で「あんた方のようにものを知っていれば、こういうことにはならなかった」と漏らした理事長は、もともとは人がいいリンゴ農家のオヤジ。それを、黒幕のKらが改良区理事長に祭り上げたのは、言いなりになるとみたからだろう。Kや事務局長妻に唆されて権力化したにすぎない。

不当解雇は権力者化した企業オーナーや経営者が引き起こす。支援する会は、理事長や理事らの責任を問うことはしなかった。それは、改良区組合員が決める問題である。

不当解雇撤回を高くつかせる

不当解雇は、撤回させることで解雇側に高くつかせることができる。改良区は、三年八ヵ月に及ぶ解雇中の期末手当等を含む賃金全額を支払っただけでなく、四〇〇万円とも言われる弁護士料・裁判費用を負担した。懐が痛んだのは解雇を強行した理事長らでなく組合員だが、一部の理事に運営を牛耳らせていたデタラメ極まる改良区がまともになるための授業料だったとも言える。

あってはならない労働者側の〝弱点〟

土谷の闘いでは、ブログのささいな勇み足が弱点になった。高杉の闘いでは、関わりがない高杉の父親のひと言がトゲになった。

雇用者と労働者とは契約関係だから法の前では対等平等だと考え勝ちだが、それは違う。契約関係は、雇う者と雇われる者という対立する階級関係を覆い隠す〝イチジクの葉〟。法や裁判所は、資本主義国家体制の維持を使命としている国家権力。初めから企業側、雇用者側に軸足を置いている。地裁、高裁の裁判官は、最高裁に上目を使って判決を出すとも言われている。

雇う者は一〇〇のうち九九まで法に問われる行為をしても負けないが、雇われる労働者は一〇〇のうちひとつでも〝弱点〟があれば敗訴しかねない。このことは、土谷と高杉の不当解雇との闘いから学んだ。

第4章

「民主的」保育園で労組潰し・退職強要・解雇

本章に登場する「たんぽぽ保育園」は、いわゆる民主的保育園として知られてきた。ところが、一五年間その職にある現園長成田綾子は、気に入らない職員や保育士をパワハラで退職に追い込んできたのが実態だった。本章に登場する事例以前に、少なくとも二人がパワハラで退職に追い込まれ、いまなおそのトラウマに苦しんでいる。

二〇一五年に園長の娘を事務に入職させてから、親子によるパワハラで一年半の間に三人が退職強要で退職、一人が解雇された。前章までの解雇者は、それぞれ一人。解雇に至る期間も短く、解雇理由も単純で少ない。たんぽぽ保育園では、犠牲者が四人、解雇理由は八〇にも及ぶ。退職・解雇に追い込む手段がパワハラのため、退職・解雇に至る個々の時間が長いだけでなく、パワハラの陰湿、執拗さも異様、異常としか表現のしようがない。

たんぽぽ保育園問題は、どの点からみても特異で、これまでの闘い方だけでは通用しない。これまでの経験を踏まえながら、それを超える知恵が必要だった。本書出版も新たな闘い方のひとつである。闘いは本書出版時にも続いているだろうが、本章はパワハラ・不当解雇との闘い方の総括編になった。

「たんぽぽ保育園」史と問題の特異性

経済成長が続いていた一九七〇年代、働く母親が増えて「ポストの数ほど保育所を」が女性団体の運動スローガンになった。たんぽぽ保育園は、その七〇年代に津軽保健生協で働く看護婦や母親らの運動で設立された。当初は無認可の労組経営、後に津軽保健生協の認可保育園になった。

津軽保健生協は、一九六九年の衆議院選で初の東北選出共産党代議士となった津川武一が敗戦後に開設した無産者診療所「津川診療所」が、民衆の力によって発展した組織である。たんぽぽ保育園は、その保育所であり、保育運動の担い手として知られてきた。二〇〇一年に津軽保健生協の組織改革によって、資産無償贈与で保健生協から分離独立、社会福祉法人になった。

成田園長は、二〇〇三年四月以来一五年間その地位にあって専横を振っているが、保育園は園長の私有ではなく、身分は一理事にすぎない。二〇一五年一月に園長が自分の娘の成田百合子を事務職員として入職させてから、園長と娘による正規職員へのパワハラ、退職強要、解雇が始まった。現在、解雇された一人が地位確認請求で、二人が損害賠償請求で闘っている。

パワハラ側と支援側がともに元同僚

私たちの訴えに、津軽保健生協やたんぽぽ保育園を知る人のほとんどは「ウソでしょ」との反応だった。〝民主的・先進的保育園〟の名に隠されていた実態が分かると、許せないと支援に加わってくれた。

たんぽぽ保育園問題の特異性は右のとおりであるが、陰湿なパワハラで退職・解雇を推し進める園側と不当解雇撤回支援側との主力がともに元津軽保健生協職員であることが、際立つ特異性である。パワハラ側の園長、前理事長、現理事長、主任保育士は、元津軽保健生協職員である。理事にも最近まで津軽保健生協幹部がいた。不当解雇撤廃支援者には、元たんぽぽ保育園保育士やたんぽぽ保育園を卒園した子どもの保護者、津軽保健生協の元職員や元看護師、保健生協病院の医師もいる。

顔見知りの双方が地裁で顔を合わせることがある。たいていは園側元職員が顔を背けて通り過ぎる。

1 園長と娘によるパワハラ、退職強要

(1) 最初のターゲットは事務職員

園長の娘入職で始まったパワハラ

二〇一六年一月の団交で、自分の娘を採用したことについて福祉保育労組青森支部（以下、福保労と表記）から質された。園長は、たんぽぽ保育園が二〇一五年度から幼保連携認定こども園となることに伴う事務量の増加に対応するためで、公募して応募者二名を面接し、成田百合子を採用した。娘だからでなく「英語ができる」が採用理由と釈明した。成田百合子は幼稚園教諭の免許も保育士の資格も持っていない。公募や面接をしたことを示すものはない。事務職員だった田畑由岐子（仮名）は、前年一二月に園長から娘を事務に入れると告げられていた。職員採用権限は形式的には理事長にあるが、実権を握っている園長の一存だった。

園長の娘であることを笠に着たパワハラの最初のターゲットは、事務職員の田畑である。田畑がたんぽぽ保育園に事務兼用務として入ったのは二〇〇三年。以来一二年余にわたって事務を一手に引き受けてきた。口数が少なく、コツコツと仕事に励むタイプ。その実直な勤務態度は、私的ノートに事細かに記録された業務処理方法や日々の処理から窺われる。入職以来、福保労たんぽぽ保育園分会（以

下、分会労組と略記）組合員である。

事務に採用された成田百合子には、保育園事務の経験がない。認定こども園は公費補助によって運営されているので、事務・会計は認定に関わる法規に基づいて処理しなければならない。田畑は成田百合子に分担すべき業務の引き継ぎと処理の仕方を伝えようとしたが、引き継ぎは進まなかった。成田百合子は、思い込みや説明不足が問題などと言い、試用期間にもかかわらず上司のように振る舞い、田畑の事務処理に事細かくクレームを付けた。コピー用紙の在庫がひとつでも合わないと、「数も数えられないのか」などと叱責口調でものを言うなど攻撃的だった。

成田百合子は、田畑が園長承認のもとに長年にわたって築いてきた事務処理方法を、相談も断りも報告もなく勝手に変え、それを園長が承認した。たとえば、業者からの請求書の仕分けの仕方やコピー用紙などの在庫管理の方法などを前の職場ではこうでなかったと勝手に変えた。

田畑の事務処理方法をことごとく否定した成田百合子の提案を園長が受け入れ、事務処理方法が変えられた。田畑にとっては自分の労働人生を否定されることであり、最も耐え難いパワハラであった。

パワハラに園長加担、理事長らは見て見ぬふり

事務職員は園長と同室である。田畑に対する成田百合子の攻撃は、園長の目の前で繰り広げられた。園長が成田百合子の攻撃的なもの言いを抑えると田畑に言ったことがあるが、実際は放置するか、娘とともに攻撃した。

田畑と成田百合子との問題で、後述の主任保育士三上千幸が二〇一五年四月に園長に話し合いを求めたことがある。園長が、「娘は間違ったことを言っていないのに田畑が泣くと娘が悪者に見えるんだよ、自分をアピールしたいのか」と田畑を攻撃した。

この頃には園長と娘によるパワハラが激しくなっており、田畑は追い詰められていた。成田百合子になにを言われても「すみません」と謝るか、泣く以外に心身を守ることができなくなっていた。

当時の理事長花田宏が話し合いで正常化しようしたことがあるが、娘に同調した園長が娘の処理方法を妥当と擁護して押し切った。終わってから花田が「園長と職員との会話でなく、親子の会話だ」と田畑に言った。

給与計算では、端数が出ることがある。たとえば、時給八三四円の非正規保育士の一時間未満分の給与額では一円に満たない端数が出る。年度末にコピー用紙などの在庫数を金額換算しても端数が出る。それを帳簿に記載する際には、切り上げ、切り下げして整合させる。この処理を成田百合子が問題視した。二〇一五年一月に田畑、成田百合子、園長の話合いがあり、花田も出席した。成田百合子が、伝票をまとめて書いている、現金を毎日照合していない、帳簿を正しく記載していないなど七項目を列挙、「当たり前のことがやられていない、非常識」と非難した。その場ではなにも言わなかった花田が、終わってから「気にするな」と言った。

たんぽぽ保育園に限らず、社会福祉法人の理事会は形式的存在にすぎないところが多い。土地改良区もそうだったが、理事会で異論を唱えれば火の粉が自分に降りかかってくる。名刺に載せる肩書き欲しさの理事長、理事らに園長を抑える力はなく、それが園長の専横を許している。

帳簿改ざんデッチ上げで始末書

二〇一五年四月、新年度からの事務分担について会議が開かれた。事務の二人、園長、理事長、主任保育士の三上千幸が出席。一月の会議での攻撃理由が蒸し返され、別の帳簿記載も出して成田百合子が「数字の改ざん」と攻撃した。田畑が園長の指示で処理してきた、結果に問題がなければ通っていたと釈明したが、園長は点検していたわけではないと反論した。

三上千幸が、「現金は複数の目で確認することになっているのではないか、現金管理の責任者は園長であり、園長が点検する必要があったのではないか、一事務員だけの責任なのか」と問うた。「逐一チェックされなくてもちゃんとやるのが当たり前」と成田百合子が言い、園長と花田が、「現金の点検や帳簿の点検をしなければならないのなら自分でやった方がいい」と言った。理事長が点検することになっていた。田畑が日々の業務処理を記録した私的ノートには、理事長点検の記録がある。

二〇一六年一〇月の団交。団交に出た田畑の前で、花田が「仕事ができないので自分が助けた」と言った。その場、その場で自分を取り繕う才は長けているらしい。

この件で田畑は始末書を提出させられた。「現金を毎日合わせていなかった、購入物を自分の判断で四捨五入し、金額を改竄していた。認識の低さ、気持ちのゆるみ、甘さが原因」――文面は、園長から言われたとおりに書いたものである。後に見るとおり、園長の意に添った文面にしなければ何度でも提出し直される。それが園長によるパワハラの常套手段のひとつだった。

田畑の事務業務は多い。私的ノートに記録された日々の処理業務記録。在庫物品の管理、業者への発注と受け入れ、伝票の処理と支払い、園児使用保育材料の確認、保育料の受け取りと処理、正規・非正規の給与明細書の作成、慶弔費支払い、旅費支払いと処理、職員の入職・退職に関わる社会保険等の処理、嘱託医への支払い、残業指示簿の処理とタイムカード確認、父母会の弁当代受け取りと処理、延長保育・特別保育調書作成、理事会資料作成、内部監査対応、駐車場管理、保護者への説明書・契約書の必要部数用意、労基署提出の就業カレンダー作成……。加えて、用務員としてのトイレなどの掃除、草取り等々もある。

毎日発生する処理業務をその日のうちに片付けることは至難。数日以内か、月末の締めまでに処理しているのがどこも実態でないか。過酷な要求を突きつけるパワハラだったことは、明らかである。

パワハラで追い詰められ退職

田畑は、仕事を続ける自信がなくなり、なにをすればいいのか、分からなくなった。自信喪失、自己喪失が身体症状として表われるほどの苦痛から逃れるために二〇一五年五月末に退職した。

たんぽぽ保育園は、後にふれる相馬和子の地位保全仮処分請求に対する答弁書で、「成田百合子が入職し、事務員の田畑が新人の成田百合子に申し送りをする中で、田畑の事務処理の不備や改ざんまでもが明らかになった」と主張した。退職してすでに一年半も経っていて、地位保全仮処分請求には関わりがない田畑に追い打ちをかけ、その名誉と尊厳をさらに傷つけた。

それから三年経った二〇一八年七月、園長らのパワハラでたんぽぽ保育園を退職、解雇された二人を原告とする損害賠償請求を地裁弘前支部に申し立てた。いまもパワハラのトラウマを抱える田畑は、原告に加わることができず、本書では仮名にしたが、分会労組に復帰し、たんぽぽ保育園との団交にも出席している。

田畑は、いまでは全国に知られるようになった「たんぽぽ保育園不当解雇問題」のホームページの開設と更新を一手に引き受けて、闘いに参加している。


パワハラが労組潰しとリストラとの一石二鳥の手段に

成田百合子の採用理由は幼保連携認定子ども園になって事務量が増えるだったが、田畑退職後事務職員は成田百合子一人の状態が続いている。パワハラで正規職員を退職に追い込み、自分の娘との取り替えと正規職員を減らすリストラに成功した。

田畑をパワハラで退職に追い込んだ経験から、園長と娘が手を組んだパワハラは労組潰しとリストラとの一石二鳥を可能にする常套手段になった。

(2) 労組活性化に取り組んでパワハラ、退職強要

保育士の三上千幸は、法人化後の二〇〇三年四月にたんぽぽ保育園に正規採用され、二〇一二年四

月以降、成田園長の下で主任保育士を務めていた。三上は、福保労組員である。

二〇一五年四月からスタートする幼保連携認定保育園に対応するため、正規保育士二人を募集し、幼稚園教諭の有資格者で非正規で働いていたUとHが採用された。ところが、一月に入職したばかりの成田百合子とUとの間に確執が生じ、成田百合子の言い分を聞いた園長と理事長花田が、Uの正規採用取り消しに動いた。

たんぽぽ保育園では正規職員の採用や退職について、労組に報告される慣習があった。法人化前の津軽保健生協が労組との関係でクローズド・ショップ制を採用していたためである。クローズド・ショップ制は、労組員から採用する仕組みであるが、実際は採用されれば自動的に労組員になる仕組みだった。UとHの採用は報告されたが、Uを辞めさせる問題についてはなにも報告されなかった。成田百合子採用も報告されていないが、分会労組は問題にしていない。

名ばかりの職場労組脱皮の試み

労組は、クローズド・ショップ制の名残りで正規職員のみで構成されていたが、その存在は名ばかりだった。たとえば、法人化時の就業規則や給与表は二〇〇三年に改訂されているが、職員に配布されていないし、労組員も持っていない。労組は配布を要求もしていないし、就業規則改訂が労組や過半数代表者の承認を得ていたのか、労組の記録からさえ定かでない。

名ばかりの存在だった労組を変えようとしたのは、三上である。労組の分会長は相馬だったが、主任の三上が労組を足がかりに職場環境改善に取り組み始めた。

三上は、成田百合子入職後の職場状況を懸念し、二〇一五年二月に職場環境改善について園長に団交を申し入れた。三上が取り上げるべき問題を整理し、労組で検討した記録として労組員に配布された資料がある。成田百合子が入職してから始まったトイレの使い方についての張り紙問題や内山の正規職員採用取り消し問題の他に園内の細々とした問題も取り上げられている。

労組員ばかり支援の非難

田畑と成田百合子との間の問題で、前述のように三上が園長に話し合いを求め、四月に当事者二人と三上、園長、花田前理事長が集まった。話し合いは成田百合子が洗い出したという田畑の「帳簿改ざん」問題や日々の現金管理問題に集中した。

この頃には成田百合子と園長によるワハラが激しくなっており、田畑は追い詰められていた。田畑は、園長や成田百合子に反論したり、反撃できない性格である。必然的に三上が田畑を代弁することになった。

この話し合いが、主任三上が組合員ばかり支援していると園長が言い出すきっかけになった。二〇一五年八月の管理者会議で、自分を慕う保育士には寄り添い、そうでない保育士は受け入れないと園長が三上を批判している。相馬が三上に応援を求めたことがある。それが三上は組合員保育士の応援ばかりしていると言い立てる口実になった。

園長の三上非難のもうひとつの口実は、村元範子への支援が少ないだった。村元は成田綾子が園長になった二〇〇三年度から二〇一〇年度まで八年間主任保育士だった。三〇歳の若い三上は、年上で主任キャリアの長い村元の求めがあるときに援助することで当事者間で了解されていた。村元からの要請は少なかったが、要請を無視したことはなかった。

労組排除、労組潰しへ

園長は、主任でありながら成田百合子入職を契機に労組活動に熱心になった三上に違和感を抱くようになっていた。二〇一五年五月下旬、園児の田植えで園長が三上の車に乗った車中で労組退会を求められた。言うまでもなく不当労働行為である。

主任保育士は、保育士を支援指導する立場であっても管理権限はなく、管理者でない。職務の実態からして、労働組合法にいう「監督的地位にある労働者」ではなく、労組員であることに何らの問題はない。現に、法人化後に主任保育士だった、相馬和子（二〇〇一年度）、成田綾子（現園長、二〇〇二年度）、村元範子（二〇〇三〜一〇年度）は、組合員でもあった。

主任として保育業務や職場環境の在り方について園長や理事長に臆することなく積極的に発言し、眠っていた職場労組が三上によって活動し始めたことが、三上と組合員に対する園長のパワハラの源になった。三上が組合員保育士の支援ばかりしているとの非難も、目覚めつつあった労組排除、組合潰しの一環だった。

臆せず意見を言う三上排除へ

二〇一五年四月の職員会議で、園長が成田百合子がデッチ上げた田畑の事務処理問題を「横領ではないが」と言って報告した。相馬が、「前園長辞任以降会計処理はガラス張りにして理事長が目を通しているはずなのに、なぜ問題が起きたのか」と質した。この発言を捉えて園長が相馬が禁句の「横領」を使ったと言って非難した。前園長が不適切な会計処理上の責任を負って二〇〇三年に辞職し、以降、たんぽぽ保育園では「横領」は禁句になったという経緯がある。

この会議で園長が使った「横領」という言葉が、相馬が使ったと問題にされた。禁句とは言え、たかが言葉ひとつにすぎない。当時のことを知る者は二〇〇三年までの入職者に限られ、在職者も少ない。三上は、今後のこともあるのでキチンと処理しておかなければと考え、園長に労組との話し合いを求めた。園長と理事長が出席した。

「横領」という言葉を誰が使ったかが焦点になった。相馬が否定すると、花田が「他の人が言ったことを一字一句覚えているのか。今日、ワ（私）の言ったことを覚えているのか。一字一句間違えずに言ってみろ」と要求した。

三上が、花田の非難を遮り、職員に確認したが相馬が言ったと記憶している人はいなかったと言うと、花田は「ワがしゃべっているときに何で口出しするのか。オメの立場が分かっているのか」と矛先を三上に向けた。「オメの立場」とは主任であることを指し、主任として上司である理事長、園長に従うことを要求した言い分である。

日本の企業や職場では、社員・従業員は、経営者や上司の意向を忖度し、その枠から外れないようにすることで身を守っている。パワハラ犠牲者や不当解雇された者の多くは、この日本的企業文化を外れてものを言う者である。上司より有能、異能なことでパワハラに曝される場合も少なくない。三上は、最もパワハラ対象になりやすい存在であり、たんぽぽ保育園を牛耳っていた園長と花田にとって、排除すべき存在になっていた。

たかがトイレ掃除の連絡不十分で始末書

三上が退職に追い込まれた直接のきっかけは、三上の後にパワハラ・ターゲットになる後出の保育士Uと成田百合子との確執だった。

たんぽぽ保育園では事務員がトイレを掃除することになっていたが、前述のとおり五月末に田畑が退職、事務員は成田百合子とパートの用務員だけになった。成田百合子の要求で、八月一日から早番がトイレを掃除することになった。その日の早番はUだった。成田百合子に早番が掃除することを知らないのかと問われ、Uが知らなかったと答えたことで成田百合子との間でトラブルになった。主任の三上は一部の保育士には伝えていたが、全員には伝え切れていなかったと園長に報告した。

日曜日を挟んで翌八月三日、成田百合子とUとの間で掃除の件で再びトラブルが生じた。三上はUに掃除し残したところがあれば成田百合子に報告するように伝えていた。Uが成田百合子に掃除が終わったと報告すると、誰かの指示で報告に来たのかと問われたので違うと答えたところ、勝手に判断したのかと言われ、その際のUのもの言いを成田百合子が問題にして園長に訴えた。

園長が、Uと成田百合子との話し合いを持ち、三上も加わった。掃除し残しは事務に伝えることは、園長と三上との間で決まっていたが、どちらが事務に伝えるかで二人の間に相手が伝えるとの思い込みがあり、成田百合子に伝えられていなかった。成田百合子が納得せず、午前午後と話し合いが続いたが、成田百合子の怒りは収まらなかった。

たかが掃除をめぐる行き違い、思い違いにすぎない。正常な職場であれば、その訂正で済んだろう。ところが、就業環境配慮義務どころか自らパワハラを主導していた園長は娘を擁護した。さらに、この問題に三上に対する園長のパワハラが上乗せされ、事態は三上への退職強要へエスカレートした。

トイレ掃除の一件は、三上が連絡の不手際を認め、Uとともに始末書を提出させられた。三上は、なにを言われても謝罪し、言いなりになる以外にパワハラから逃れることができない状況に追い込まれていた。田畑の場合がそうであり、園長らのパワハラに遭った者は、例外なく同じ状況に追い込まれている。パワハラ被害者に共通の心理状況である。

仕事のことごとくを否定するパワハラは、ターゲットにされた者の業務上のささやかな問題や弱点を針小棒大に問題にする。ターゲットにされた者は、攻撃に根拠がないとは言い切れないので自信を失い、追い詰められていく。パワハラ対象者の責任感をテコに追い詰めていくのが、パワハラ、退職強要の常套手段である。

始末書を口実に退職強要

この件以降、「園長や成田（百）の態度も以前にも増して無愛想なものなり、……私がこのような態度にさせてしまったと思い耐えてみた。が、夜も眠れず、職場に行くと頭痛、耳鳴り、食欲減と身体症状が出てきた。逃げたいという思いでいっぱいになった」と三上は、当時の状況を書き残している。

三上は、八月一〇日に始末書を提出した。「管理者会議で伝えられたことを勝手に覆したり、業務連絡の伝え忘れ、報告義務を怠っていた、職員に対する言葉使いや子どもでは度重なる注意を受けているにも関わらず改善されない点など、このようなことが重なり、現場を混乱させてしまい、まことに申し訳なく、深くお詫びする。主任としての自覚に欠けていたと反省し、以後このようなことがないように気をつけ、態度を改めて行くことを固く誓う」――書かれていることは園長が列挙したことで、それに添った内容にしなければ出し直させるのもパワハラの常套手段である。Uは八月一三日に提出した始末書を書き直して八月二〇日に再提出して収まったが、三上に対するパワハラは収まらなかった。

八月二〇日、始末書の件で話し合いがある、花田理事長も同席すると呼び出された。その際の園長発言が三上のノートに記録されている。

「始末書を見たが、この内容だと納得できない。会議で決めたことを勝手に変えたり、人のせいにして、誰かがこう言っている、都合が悪くなれば話を変えたり、感違いとか捉え方の違いとか言うし、自分を慕って来る人には寄り添い、そうでない人には寄り添わない。」「気持ちを改めてと書いてあるが、もう信用できない、職場を混乱させてしまった、退職して貰います。」「懲戒免職に当たるが、これからや生活のことも考え、特例で自己都合退職を受け入れる。」

提出した始末書をテコにした園長の言い分や攻撃の仕方は、後のUや相馬の場合とほとんど同じである。退職しなければ、自分が壊れると思った三上は、八月三一日付けで退職した。

退職理由の虚偽創作

後述の相馬の地位保全仮処分請求に対する園側答弁書資料として、成田綾子が書いたと思われる文書が提出された。記述の大半が原告でない三上への攻撃に費やされている。文面から主任で労組活動にも熱心で、臆せずものを言う三上に〝目を掛けてやったのに〟との思いを強くしたことが窺われる。

三上退職に至る虚偽創作というほかない記述がある。

「三上は成田綾子園長を非難するために職員に根回しをして、情報を集め仕掛けたが、管理者としての立場を問われて失敗に終わった。」「これらの責任を問われる中で、三上は自己退職をした。」

地位確認請求申立に対する園側準備書面では、左記のとおり田畑と三上が退職したのは、相馬和子との不仲が原因と描き出している。

「田畑、同人（引用注：相馬和子）と仲が良く主任でもあった……三上、さらに同人と交流が深く同人退職後までも相談していた原告と、前記両名との人間関係がぎくしゃくし始めた。」「結局、同年のうちに、原告を除く訴外田畑、同三上の二人が自身の意思で被告を退職するに至った。」

荒唐無稽としか言いようがない記述もある。

「三上は職員に対し、次期園長になることが決まったと事実無根の情報を流していたことも明らかとなった。（三上が）次期園長に任命されて、それを受けることに決めた。」

誰が任命したのかは書かれていないが、任命権者は理事会である。三上が、園長や理事会さえ支配できる状態になっていたとの趣旨である。根も葉もない誹謗中傷である。

田畑に対するパワハラ、退職追い込みは、必ずしも組合潰しではなかったと思われるが、三上に対するパワハラと退職強要は、意に添わない存在になった三上の排除と組合潰し、リストラが目的だった。三上は、退職後にパワハラで受けた苦痛から逃れるために、給与明細書に至るたんぽぽ保育園に関わる書類のほとんどを廃棄した。相馬の地位確認請求申立や損害賠償請求申立の資料作成のため、三上に対する園長らのパワハラを聞き出そうとしたが、その間の記憶が抜けていた。トラウマと思われる。たまたま廃棄されなかったわずかなメモやノートを手掛かりに、記憶を少しずつ呼び起こす作業が必要だった。

(3) 三人目のリストラ目標　退職予約でパワハラ止む

二〇一五年四月からスタートする幼保連携認定保育園に対応するため、正規保育士二人を募集し、幼稚園教諭の資格を持ち非正規で働いてきたUとSが採用された。ところが、一月に入職したばかりの成田百合子とUとの間に前述のように確執が生じ、成田百合子の言い分を聞いた園長と理事長が、内山の正規採用取り消しに動いた。

正規採用は取り消されなかったが、三上退職後園長のパワハラ攻撃が向かったのは、Uだった。Uは非正規だったので労組員ではなかったが、労組の集りに参加するなど労組に親近で二〇一五年一二月に園長によるパワハラ退職強要を労組に訴えていた。

二〇一六年一月、Uに対するパワハラ停止、退職強要などで地区労連議長、事務局長も加わった団交が行なわれた。自主退職するようにと言ったのかと問われた園長が否定し、一二月に伝えたことの返事がないから一月一杯で回答するように言っただけと答え、Uが辞める積もりはないと発言している。

「指導」と認めたが、懲戒処分の追い打ち

二月四日の夕方、Uが園長から指導書を渡されたので見てほしいと相馬に相談した。三上退職後に労組活動を担ったのは、後に四人目のリストラ目標になる相馬である。渡された指導書は、反省点を列挙し、「今後は、指導を受けた事項について、改善するよう努力します。」の文言に日付と署名捺印すればよいようになっている。

相馬は指導書提出要求をパワハラと判断。翌日、相馬は遅番の一〇時勤務だったので九時頃にUの件で園長に話合いを求めた。了解が得られたので待機していたUと地区労連事務局長を呼びに行った。

園長は地区労連事務局長を部外者といい、部外者を連れてくるのは非常識、疑問があれば本人が直接聞きに来ればよいと言った。提出が翌日で時間的余裕がほとんどない、これはパワハラだと言ったところ、園長はUが五日提出を承諾していると答えた。追い詰められていたUが翌日期限に応じる以外になかったものと思われる。

この日のUの勤務は九時半からだったが、園長とのやりとりが長引き、主任の村元範子がUが勤務に入っていないと園長に報告に来た。Uは一二、三分遅れて保育に入った。

その日の午後、Uが理事長、園長から呼ばれた。園長から「いままでのことはパワハラでなく指導」と言われ、Uは「指導ですから受け入れます」と答えて「指導書」に署名捺印した。理解しがたい行動と思われるが、追い詰められると自己防衛で言いなりになることは、田畑や三上の場合と同じである。

Uが署名した二月四日付指導書が相馬の地位保全仮処分申立に対して園が地裁に出した疎明資料にある。この指導書は、Uが労組に持って来た指導書とは別ものである。反省点の列挙はなく、提出期限を二月八日にしているが、この文書のUの記載によるとこの文書をUが受け取ったのは二月一五日で、「今後は、指導を受けた事項について、改善するよう努力します。」とあらかじめ記載され、Uが署名捺印すればいいだけになっている。

提出期限が二月八日と指示されている文書を二月一五日に受け取っているのは不自然であるが、園長のパワハラにUが屈したにもかかわらず、二月一五日付けで相馬とUに「懲戒処分」が出された。「指導」を認める文書を提出したその日に懲戒処分されたことになる。

処分理由は、園長の許可を得ずにパワハラと断定する部外者を入れ、管理者の指示・指導を否定し、業務を妨害。職務を放棄した、などとなっている。相馬の行動は労組活動であり、地区労連事務局長は、Uに対するパワハラ停止を求めた団交の出席者でもある。

懲戒処分書には「始末書の提出を希望」とある。「希望」だから出さなくてもいいのに、園との団交を仕切ってきた地区労連議長のYが始末書を提出させた。

地区労連議長が団交で労組を〝売る〟

Uに対するパワハラ停止と相馬とUに対する懲戒処分取り消しを求める団交要求と拒否回答のやり取りが三月中続いた。四月七日にようやく団交が実現した。その打ち合わせが前日行なわれたが、Yから明日の団交に分会労組員以外の福保労組員は出なくてもよいと言われた。団交出席者は、労組側が相馬と労組員の調理師、Yと地区労連事務局長。園側は、花田宏と四月から理事長になった成田利則、園長、主任保育士の村元範子、理事の斉藤光正ら六名。

相馬は録音しようとしたが、Yに録音は要らないと制止された。この団交での園側発言のほとんどは、斉藤理事だった。斉藤は、「指導書」を楯に指導をパワハラと誤認したと相馬を攻撃し、始末書提出を要求した。

前日の打ち合わせで相馬はYに言えないことはフォーローしてくれるよう言っておいたが、Yも地区労連事務局長もひと言も発しなかった。団交は、「指導」をパワハラ問題にしたことへの謝罪代わりの顛末書提出との結末になった。組合が詫びて円満解決で終わった、労組に勝ったと理事長になったばかりの成田が満足気に締め括った。

終わってから、相馬が「なんでああなったのか」、Yに詰め寄った。Yは「丸く収めるための手打ち式だ」と答えた。「フォーローしてくれるはずだった」と言うと「考え方が違う」と言われた。理事長になった成田利則もYも、元津軽医療保健生協職員で親しいらしい。後述のように、この「手打ち式」の数日前にYの求めで、私はYに相談されている。Yは、成田理事長なら解決できるかも知れないとほのめかしていた。Yは、親しい新任理事長の顔を立てるためなのか、労組を〝売った〟のだった。

その後も続いたUに対するパワハラ

Uは「パワハラでなく指導」と認めたが、Uに対する園長のパワハラは続いた。Uは「指導」と認めたその日に懲戒処分され、さらに始末書を出さなければ指導しないと園長に言われてUは始末書を提出した。

Uは、始末書の文面が「パワハラがあったが、なかったことにする」との趣旨になっていると園長に言われ、再提出させられたうえに五月二四日付で退職願を提出している。それには「一身上の都合により……平成二九年三月三一日以って退職」と記載されている。退職まで一〇ヵ月もある。年度末退職とパワハラ停止との取引との噂は、本当だった。Uは、退職予約どおり二〇一七年三月末に退職した。

Uが退職した「理由」が本訴に対する園側準備書面2に記載されている。「Uは……組合のやり方に疑問を感じ、距離を置こうとした者であり、同人に対するパワハラも存在しないところ、自らの誤りを恥じ、責任を取り……退職した。」

Uは、園長のパワハラが相馬に向かうと分会労組から離れた。Uにたいする園長や理事長の態度の豹変を説明する記述が、園側提出書証にある。

「三上と相馬和子は、園長の娘が入職することについて、成田百合子が入職する前から……職員に虚偽の話を流し、情報操作をした。」「相馬和子は、成田百合子が以前勤務していた職場で何人もいじめて辞めさせたと、全く事実無根の情報を職員に流布していた。」「Uはそのような虚偽の話を信じた。業務において主任の三上を庇うために嘘をつき、それを追及されると成田百合子に暴言を吐き、横柄な態度を取った。」「主任からの情報を信じたUの成田百合子に対する態度は、日常的にますます横柄になっていった。後にUは、信頼する主任の三上からの成田百合子に関する話を信じた結果、そのような態度を取るようになったと証言した。」

Uが退職を約束して労組から離れたことで、労組潰し、リストラ目的は達成された。後述の相馬に対するパワハラが頂点に達した運動会では、Uは園長の隣で進行を仕切るアナウンスをしていた。園長との関係は、良好に見えた。

相馬に対する園長や村元のパワハラは、後述のように他の保育士も参加する「運動会準備委員会」等で繰り広げられた。その記録から、自分を守るため園長に迎合して相馬いびり発言する保育士も少なくないことが分かる。Uの発言は、「問題児がなんでやってしまうのか考えて対応しなければ」「ジャンプする位置に気を付けた方がいい」のわずか二度。園長に迎合する内容でない。パワハラに屈したことを恥じて、退職まで控えめにしていたようにも思われる。

2 異常、執拗なパワハラの末に解雇

(1) 計画的パワハラ

四人目の不当解雇問題に関わる

二〇一六年三月下旬に福保労の四人がたんぽぽ保育園問題の相談で来宅した。前述のとおり、この頃労組は、Uに対するパワハラ停止と相馬とUに対する懲戒処分問題に取り組んでいた。用件は、「守る会」を立ち上げたいので会長を引き受けてほしいとの依頼だった。体裁や飾りの「守る会」を作っても意味はない。「守る会」構想を出して会長に推薦したというYに会って話を聞くことにした。

四月初め、Yに会った。「守る会」の目的はたんぽぽ保育園の民主化で、園の周囲を街頭宣伝車で宣伝するなど、園に圧力を掛ける市民運動を期待していると言う。そのような運動は、子どもの親を動揺させ、親の反発を招く恐れがあるのではないか、と指摘した。保育園民主化というささか抽象的な目標で「守る会」を作るのは難しい、別の闘い方があると思うとも伝えた。

Yに闘い方の助言をしたが、その後どうなったのか。二ヵ月半後に知り合いの福保労組員に問い合

わせた。Yが、私に会った数日後の団交で、労組を〝売った〟ことをこのとき初めて知った。

四月に主任になった村元範子は、一月に労組を脱会した。園長のパワハラは、正規保育士で労組員の相馬和子に向かっていた。労組に近かった者も相馬に対する園長のパワハラ激化とともに労組に距離を置くようになった。労組員は五名から相馬と調理師の二名に、労組親近者は四名からゼロになった。福保労組は、労組を〝売った〟Yと地区労連事務局長の介入を断ったが、闘い方が分からず手を打てない状況と言う。

相馬に初めて会ったのは、二〇一六年六月下旬。相馬は、「辞めよう、辞めようと毎日考えるが、いま辞めたらいままでなにをしてきたのだろうとも思う」と言った。大切にしたい思いだ。

相馬の前に労組員の田畑と三上が園長のパワハラで退職させられている。ところが、福保労組も分会労組も守ろうともしなかった。三上退職後、相馬が職場労組の核になったが、すべてを地区労連の二人に丸投げしていた。その結果、〝売られる〟という最悪の敗北を味わわされることになっただけでなく、相馬自身が労組潰しとリストラの目標になった。

いま最も急がれることは、相馬を孤立させないこと。状況は最悪だが、闘いを組み立て直せないわけでない。なによりも園で闘っている相馬らを支える組織を作ることが肝腎。それを誰がやるのか。これまでの他力本願を棄てて福保労組が自ら闘いの担い手になることを求めた。私は相談や助言を引き受けることにし、職場労組の交渉代表を引き受けた。労働組合法第六条は、労組員から委任をされた者は交渉代表になることができると定めている。

暗い顔でうつむいて入って来た相馬は、帰るときには明るい顔になっていた。だが、園長のパワハラは、まだ序の口だった。

間もなく定年の保育士に襲いかかる

相馬は、二〇一八年三月末で定年になる。二年待てば、パワハラなしでも正規保育士を非正規で埋めるリストラが達成される。だが、三上退職後に職場労組の核になった相馬の存在を許せなかったのか、園長のパワハラ目標は相馬になった。保育士として過去三二年間、法人化後の一五年間大過なく勤めてきた相馬に対して、二〇一六年度に入ってから業務状態等が執拗に問題にされることになった理由である。

園側は、この点について「相馬和子は、自分のミスや問題を主任である三上千幸に隠してもらっていたが、三上千幸が退職したことで隠せなくなり、以前からあった能力不足等の問題が改善されていないことが明らかになった」と地位保全仮処分申立に反論している。三上は二〇一五年八月末に退職している。二〇一六年四月まで七ヵ月の空白がある。

相馬は前年の二〇一五年度は、二歳児担任だった。通常は持ち上がりで三歳児担任になる。ところが、三歳児の担任にさせられた新任の非正規保育士が一年で退職したため、三歳児担任予定の相馬が四歳児担任にされた。

二歳児担任にしたことを、「長年勤務してきた原告の労をねぎらうべく、その年度に卒園する園児たちの担任として有終の美を飾るのが原告にとってもうれしいことになると考え、平成二七年度から担任をもってもらうこととした。」（地位確認請求に対する園側準備書面）などと主張している。

二〇一五年度に二歳児の卒園は三年後の一九年三月末。一八年三月で定年になる相馬は卒園に立ち会えない。一六年度に四歳児の卒園は一八年三月末。卒園に立ち会えるが、上記準備書面はそれに触れていない。解雇済みで触れようがないのだろうが、関係を築けていない四歳児クラスへの担任変更は、パワハラの下地づくりだったのだろう。これほど見え透いたウソは、相馬に対する侮辱としか言いようがない。

計画的に四月一日から始まったパワハラ

相馬へのパワハラが四月から計画的に始まったことは、地位保全仮処分申立に対する園側答弁書の証明資料として提出された二〇一六年四月一日と四月二日の業務管理日誌が示している。連絡事項欄に書かれているのは、両日ともほとんど相馬に関することで、相馬の業務遂行や行動を監視していたことを窺わせる。

相馬に対するパワハラ問題に関わったときから、メール、電話、来宅で日々報告してもらって記録してきた。記録は二〇一六年だけでA4判で九〇ページに及ぶ。それを八〇もの解雇理由と園側答弁書・準備書面に添えられた一〇五点の疎明資料と突き合わせた。この作業で、以下のパワハラが絡み合いながら解雇に向けて積み上げられたことが分かった。

① 日常の保育業務に対する事細かで執拗なクレーム
② 担任クラスの園児Mに対する対応へのクレーム
③ 運動会に向けた相馬の取り組みの全否定
④ 前年担任の二歳児クラス「まとめ」の執拗な書き直し要求
⑤ 指示書、注意書の乱発

(2) 異常・執拗、逃げ道なしのパワハラ

日常の些末な出来事に執拗なクレーム

四月から運動会準備が本格化する九月半ばまで、園長らによるパワハラは、相馬の日々の保育の仕方の些細なことにクレームを付け、それを執拗に続ける手法だった。

解雇理由と手元の記録によると、四月以降のクレームは、上記五項のうち①だけに限っても五一件に及ぶ。四月一二件、五月五件、六月二件、七月四件、八月六件、九月一六件、一〇月六件。パワハラ開始の四月と解雇予定の九月が圧倒的に多い。その事細かさと執拗さは、日常的に行動を注視、監視していたことを示している。その一部を挙げる。

四月一日「新学年初日にロールマットをしようとした。」主任の村元に相談しただけ。

四月一日「雑巾干しにキャスター付き物干しを使おうとした。」村元に危険と指摘され使わなかったが、園長が使うように指示していた。園長の責任を相馬に転嫁した。

四月二日「園長に四歳児・五歳児クラスの午睡させる部屋や体制について質問した。」数日前まで二歳児担任だった相馬は聞かなければ分からなかった。

四月一九日「園児にマジックテープタイプでなく紐で結ぶエプロンを使わせた。」五歳児担任から渡されたエプロンが紐タイプだった。

四月二六日「トイレに紙がないと叫ぶ園児に対応しなかった。」掃除担任は別の保育士だった。たまたまトイレ近くにいただけ。

五月二日「香水を付けて出勤した。注意しても改めなかった。」相馬は化粧をしない。臭いもしないのに原因探しが八日間続いた。

五月一七日　病院での子育て検診立ち会いのためトイレ掃除を応援の保育士に依頼したが、勝手な判断と園長に注意された。

六月六日「保護者へ保育料の釣りを渡し忘れ、報告しなかった。」保育士本来の業務でないのに押しつけていた。

七月五日「五歳児クラスの雑巾干しを返さず使っていた。」園長が四歳児クラス用を用意しなかったため、使い続けるしかなかった。

八月二七日「子ども用イスを積み上げ、その前に園児を寝かせた。」イスを積み上げたのは相馬だが、イスの前に寝かせたのは別の保育士。

八月二五日「相馬が立てた体操マットを園児が倒した。」相馬にはマットを立てた覚えがない。それを言ったら、「誤魔化そうとしたが、保育士Hに諭されて認めた」との解雇理由になった。
八月二七日　実習生の感想文に対する相馬の助言を保育や発達についての理解が足りないと全否定。関わりがない非正規保育士に書き直させた。
八月二八日　相馬作成のクラスニュースに村元がクレームを付けた。どこがダメなのかと問う相馬に全部ダメと突き返した。
九月五日　園長に「（精神科を）受診した方がいいんでないの」と言われた。おかしいんじゃないのとの意味だが、「受診した方がいいですか」と言ったという。追い詰められていた相馬に抗議する余裕はなかったが、抗議すればそれがまたパワハラ材料になっただろう。

解雇理由には日付不明で証明資料もない一方的な主張も少なくない。四月初めから、園長、村元、成田百合子が常時監視し、パワハラ材料を集めていた実態が浮き彫りになる。日常的な、些細な問題だが、それだけに日々緊張を強いられ、追い詰められていく。

〝気になる子〟Mへの対応をめぐるパワハラ

余裕を失った相馬に追い打ちを掛けたのが、担任変更でまだ関係を築けていない園児のうち〝気になる子〟Mへの対応をめぐるパワハラである。Mに対する対応を問題にしたパワハラは一一件に及ぶ。
四月二五日　Mの毛布を四歳児の親が持ち帰って紛失騒ぎになった。相馬の責任とされた。

五月二日　Mの午睡用布団に上がってふざけた園児に母親が怒ってMを連れ帰り、相馬が園長・村元同席で謝罪した。
七月二九日　プールで騒いでいるMを落ち着かせるためと称して両脇を挟んで頭からプールに沈め、温和しくなると叱った。
八月　Mがキュウリを見せてと言ったのを無視した。
八月二二日　Mの親と面談するようにとの園長助言を無視した。
八月二七日　Mが他の園児にブロックを投げつけて傷を負わせた。仲間外しが原因なのにMばかり叱った。

五月二日の件。Mがおはようと周りの子に言ったが無視され、Mの母親がカバーを付けている午睡用布団に他の子が上がり、母親が注意しても止めなかった。母親は感情的になってMを連れて帰ってしまった。

子どものいたずらにMの母親が感情的になったにすぎない。相馬の出勤前の出来事だったが、園長から今までの対応がまずいのでこのようになったと言われ、反省を記した報告書を提出させられたうえ、園長と村元主任同席で母親に謝罪させられた。

Mは、他の園児に叩いたり蹴ったりなどの暴力を振ったり、落ち着きがなく騒いで他の園児と協調して行動ができないなど、問題を抱えた園児である。保育園でのMの行動は、シングルマザーで働きずくめの母親との関係に原因があり、その不満をぶつけて相馬を試していたようにも思われる。

Mの件が相馬に対するパワハラ材料になっていたことは、八月二七日の相馬と園長、村元との話し合い記録から明らかである。

相馬は、四歳児との信頼関係がまだ築かれていないことを率直に認め、今後はMの気持ちに寄り添い、Mの良さを周りにも見せるようにし、「ダメなことはダメ」とけじめをつけて対応したいと言った。これに対して園長と思われるが、「今までやってこなかったのか」と糾問している。相馬が、以前からもある程度取り組んできたつもりではあったものの、客観的には満足には取り組めていなかったと率直に反省している。

ところが、園長と村元は、問題を抱えた園児への対応を相馬ひとりの責任として、これまでの対応の不十分さのみを攻め、援助の方向は示さずに「じゃあ、どうなるの、どうやるの、それでは解決しない」と突き放して終わっている。Mへの対応は、後述のように九月の運動会練習の過程でエスカレートした。

団交再開――懐柔策と〝ボス交〟の申し入れ

地区労連のYらによって崩壊した団交を再開して闘いを組み立て直すきっかけを探していた。保育料支払いの督促を保護者にしなかったとの注意書を成田百合子が相馬に渡す問題が起きた。保育料に関わることが保育士本来の業務でないことは常識であり、それが保育士業務であることを示す規定は園の就業規則にもない。この件で、七月に私が交渉代表として初めての団交を申し入れた。

翌日夜、相馬から電話。「園長に呼ばれた。これまでと違った柔らかい口ぶりだった。団交は止めて園長との話し合いで解決したい」と言い出した。お定まりの懐柔策だ。それに取り込まれて自分のことしか考えていないと批判し相馬にファックスを送った。

「園長との話合いで救われようと思うのは分からなくはないが、自分だけ救われようとすることは仲間を裏切ること。何の解決にもならないことが分かって、後悔するだけ。」

相馬から電話。仲間を裏切るところだったと気付いたという。

Yからメール。理事長の成田利則に、私と理事長、Yの三人で話し合ったらどうかと提案したところ、「それは助かる。何とか解決したい」と言ってくれたとの、いわゆる〝ボス交〟の申し込みである。個人的なやり方で解決できたとしても労組は育たない。断った。

こんな古い手口が生き残っていたことに驚いた。学生時代に炭鉱閉山に抗議する炭鉱労働者のスト調査で、よく聞かされた。ストが長引いて膠着状態になると、親近者を介して委員長が料亭やキャバレーなどに招かれ、社長が現われる。スト停止を要請されるが、回答せずに帰宅して挨拶代わりにと渡された菓子箱を開けると多額の現金が入っていた、などという話である。映画のような話だが、六〇年代にはまだ横行していた。「カネと女に弱い奴は、委員長にさせられない」とも聞いた。

団交以降、パワハラ激化

団交はようやく八月に実現した。団交は、成田百合子が保育料の受け取りという保育士の業務でないことに対して注意文書を相馬に渡した件である。労組の主張が法的根拠を有しているので合意が成立したが、園長は納得せず保育士の保育料受け取りは、その後も続いた。

この団交で成田園長は「相馬先生はコミニュケーション能力がゼロで、周囲とトラブルばかり起こしているので、相馬先生への連絡は文書にするようにしている」と言った。コミニュケーション能力ゼロとは犬猫にも劣るという意味になる。団交の場でのこのような侮蔑的な物言いが日常化していることを示している。相馬との連絡に文書を渡したのは、園長、村元、成田百合子以外にいない。

この団交申し入れと懐柔・ボス交お断り以降、相馬に対するパワハラが激化した。すぐに始まったのは、保育士業務遂行に不可欠な業務連絡から相馬を外すことである。朝夕の体制が変わったが、相馬にはまったく知らされなかった。八月に入って昼休みの変更や園児の昼寝場所が変更されたが、相馬は担任クラスの園児の昼寝場所の変更さえ知らされず、他の保育士に聞いていた。

相馬に対するパワハラが八月下旬を境に激化したことは、クラス担任保育士の会議記録の七月七日と七月二九日とを八月二二日と比較すれば分かる。七月七日の記載には相馬に関わる問題記述はない。七月二九日の記録には、相馬が四歳児組の気になる子に対して担任保育士はどうなるのか尋ねたことへ「四歳児クラス担任に二名を付けることは考えていない」との趣旨の記述がある程度である。

八月二二日の記録では、相馬がクラスの様子を報告し、Mともう一人の〝気になる子〟の問題が取り上げられている。村元が「二人の状況をどうとらえ、どうやっていこうとするのか?の判断をしていない。何故Mがそういう状況になっているのか?↓どう分析するのか。親との対応は?↓必要なら個人面談という話しを園長がしたが、それすらたな上げになっている。」と詰問している。

Mの母親と面談するようにとの園長指示を無視したのでない。母親に伝えたが、働きずくめの母親から時間が取れないと言われ、面談の機会がなかったのである。

解雇に向け、運動会準備会議で全否定

相馬をパワハラで追い詰めていく過程が最も明瞭なのは、運動会準備会議である。その園側記録文書がある。第一回は、団交直後の二〇一六年八月二四日に開かれた。各クラス担任の報告に園長や保育士意見を述べているが、相馬に対する追及は、会議記録六ページのうち三ページ半に及んでいる。

相馬はMともう一人の〝気になる子〟の二人が他の園児と一緒に行動できないと判断し、ふたりには別の狙いを持たせようとした。これを園長と村元が問題にし、「三歳児の時は同じ狙いでできたのに、なぜ四歳児になってから別になったのか、やれないことはない」と追及されて、相馬は別立てにしないと方針を変更している。

園長と村元の追及は、さらにMの取り扱いに向かっている。相馬は、「運動会の担任の取り組み方は統一されていないし、Mには家庭の事情もある」と説明したが、園長が「家庭事情が原因という子は

今までもいた、別の狙いを立てるのはその子を投げていることだ」と追及。村元が「誰かから言われたからではなく、ちゃんとした押さえでやるように」と締め括り、相馬が今週中に考えてくると答えて終わっている。

園長に潰された園児と練った企画

第二回の開催は八月三一日。相馬は、前回の指摘を受け入れて、Mともう一人を同じ狙いに包摂する方針と報告している。これに対して、村元が「主任から言われたからか、人から言われたからか、みんなからいろいろ出された意見があったはず」と追及、さらにMがおもちゃのブロックを他の園児に投げつけて傷を負わせた件が取り上げられ、追及が続いている。

相馬が、「Mや他の子どもに一つひとつ丁寧にやっていくしかない」と言ったのに対して、園長が「やっていくしかないという言い方は構えが弱い」と相馬の決意を否定している。

この日の相馬追及は、これで終わっていない。「オープニングをウサギの収穫祭でやるか、まじょ祭りでやるか、子どもたちの希望や意見を聞いて検討している」との相馬に、村元が「子どもたちがやりたいならなんでもやるのか」と言っている。「子どもたちが箒に乗って登場するお祭りをやりたかった」との相馬の説明に、園長が「お祭りのイメージならなんで収獲祭なのか」「オープニングは考え直した方がいい」で締め括っている。

相馬が考え抜き、子どもたちの希望や意見を聞いて立てた企画が、こうして潰された。

一人で担任できないと認める

第三回の開催は二〇一六年九月七日。相馬の報告。「ウサギが祭りでどんな踊りをするか子どもたちに投げかけてみた。前回会議から一〇日しか経っていない。練習不足もあり、子どもたちに動きを分からせるに至っていない。」さらに、体操、戸板、鉄棒、跳び箱、平均台、縄跳び、グループ競争、水への顔つけなどの取り組み状況についても報告し、「みなさんが必死でやっている中でぶどう組がこのような状況で申し訳けありません」と詫びている。

「今日までできなかったのにやるしかないと言ってできるのか」と園長。主任の援助が欲しいという相馬に、園長が「出来ないと認めるのか、オープニングだけでなく跳び箱も出来ると思うのか、指導していける見通しがあるのか」と畳みかけている。

園長が、今まで指導してきた立場なのにできないわけがないと言いながら、「担任として指導できるのか、一人でクラスを組み立ててやって行けるのか、出来ないなら出来ないと言わないと園としてなにも出来ない、出来ないと認めれば子どもたちのために具体的に言う」と切り込み、追い詰められた相馬は、一人ではできないと認めている。

園長は、さらに運動会以降のことはできるのかと本題に切り込んで、相馬からできないとの答えを引き出すことに成功した。相馬は翌九月八日に、園長の要求どおり次ページの文書を提出し、指導援助を申し入れた。園長が言っている「できないと認めれば子どもたちのために具体的に言う」とは、相馬を担任から外し、さらに解雇することだった。

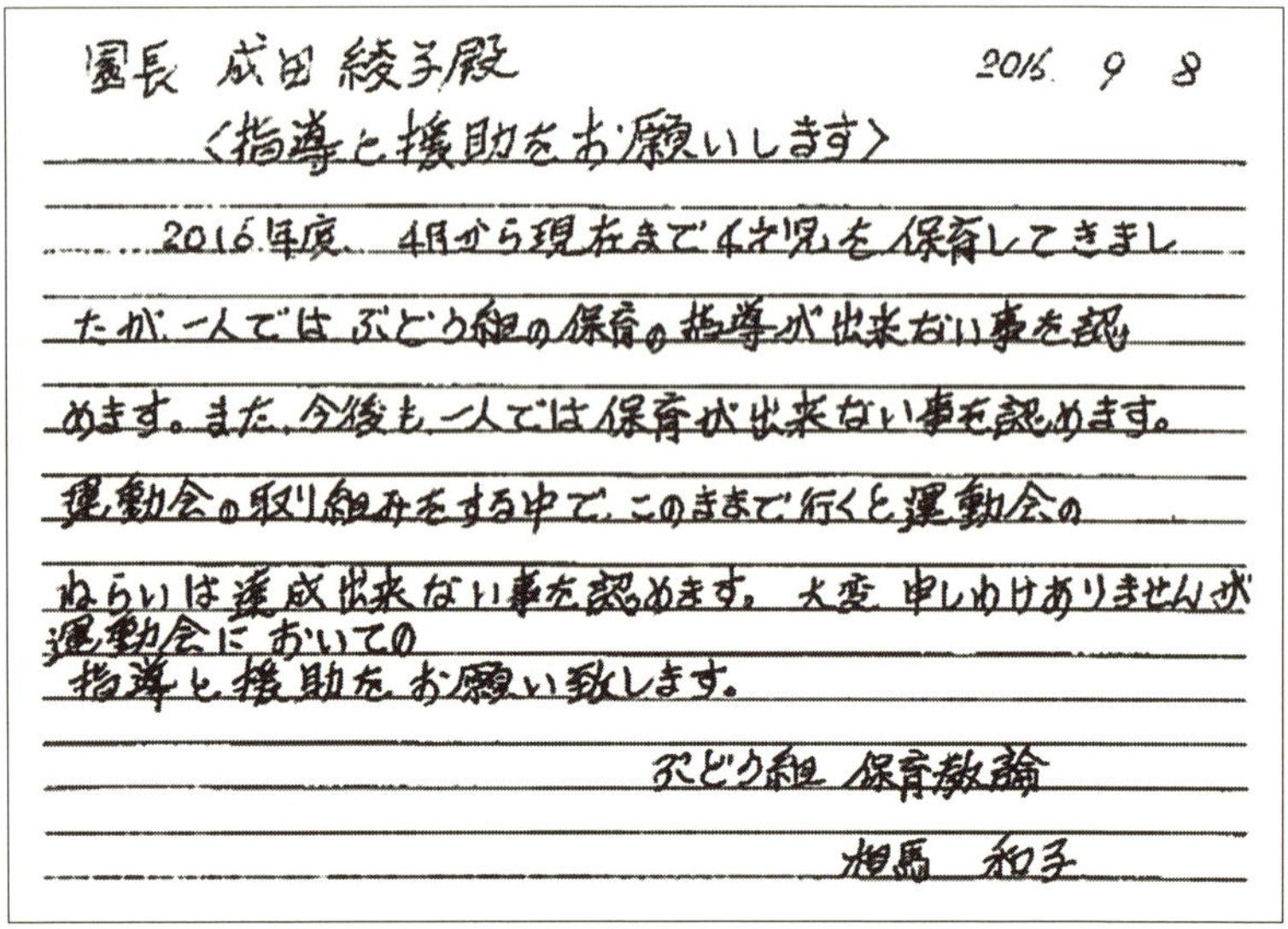
園長 成田綾子殿　2016. 9 8
〈指導と援助をお願いします〉
2016年度、4月から現在まで4才児を保育してきました
が、一人ではぶどう組の保育の指導が出来ない事を認
めます。また、今後も一人では保育が出来ない事を認めます。
運動会の取り組みをする中で、このままで行くと運動会の
ねらいは達成出来ない事を認めます。大変申しわけありませんが
運動会においての
指導と援助をお願い致します。
ぶどう組 保育教諭
相馬 和子

九月一五日。理事長から進退伺いを出せとの指示書が渡された日の朝、相馬からのメール。「昨日、子供たちと親子競技をやって遊んだら楽しかったのでしょう、子供たち達が頑張るぞエイエイオーと声を掛け合っていました。……本当に私の余裕で子供たちが変わります。私の姿勢次第です。落ち着くのは私自身。仕事に行ってきます。」

できたのは形だけと酷評

第四回の開催は二〇一六年九月二一日。運動会直前の練習。相馬は多くの課題がまだこなせていないこと、主任に入ってもらって盛り上がったと率直に認めているが、「子どもの気持ちに寄り添っていないから並ばせることもできない」と村元。園長が「目標に向かっていない、盛り下がっている」と酷評している。

第五回の開催は二〇一六年九月二四日。運動会の

反省会である。相馬は、問題のMが全体と一緒に行動できたこと、もう一人は初めはすねていたが、気持ちを切り換えて参加できたこと、他の園児も父母が来てテンションが上がったことなど、問題の子どもごと、取り組んだ課題ごとに報告し、取り組みを率直に反省している。

園長は、「形だけは出来ていたが、競技内容は指導を受けてもおかしかった」と否定。「使う用具を勝手に判断した、点検も不十分で段ボールをひっくり返した、グループ競争でスタートやタッチを四月からやっていなかった」など細々と追及している。

村元が「ルールを守って遊んでいない、悔しいというのが見えない」と批判。たんぽぽ保育園では、ルールを守って遊ぶとは負ければ悔しいという競争心を育てることらしい。

相馬は、運動会の体験を踏まえ、不十分だった点について反省した上で、仕切り直しして担任を続けたいと希望した。園長は、「出来ないと認めたから援助した、助けてもこの状態、仕切り直しは出来る人が言うんだよ、やれるならやればよかったろう、やって出来ないのに仕切り直しは矛盾している」「出来ないと認めていなかったのか。認めていないからこういう発言をするんだ。信頼できないから担任を変える」、と担任外しを持ち出し、他の保育士の前で相馬の最後の希望を踏みにじった。予想はしていたが、解雇に向けての段取りだった。

解雇に向けた前年度担任「まとめ」でのパワハラ

相馬は、一〇月一日に四歳児クラス担任を外され、業務を書類整理・掃除に一方的に変更させられ

たんぽぽ保育園での最後の運動会

た。雇用契約は保育園教諭。労働契約違反である。その前日に理事会が解雇を決定していた。それにもかかわらず相馬に対するパワハラは止まず、前年度担任の二歳児クラス「まとめ」問題に移った。解雇に向けた口実作りである。

たんぽぽ保育園では、毎年度末に各保育士が一年間の保育士業務をふり返って「まとめ」を提出し、三〜五歳児担任の会議で検討される。相馬が提出した「まとめ」は、食事、排泄、着脱、睡眠、健康、清潔、遊び・表現、見立て・つもり遊び、友達との関わり、手指を使った遊び、運動会の取り組み、卒園祝う会について、一年間を振り返って、の一三項目、一ページ一四八〇字一四ページものの長文である。四月の討議で「まとめ」に対して、園長から卒園を祝う準備会で押さえた内容と違うとの指摘があり、「祝う会まとめ」のみ再提出することになった。

相馬は、「祝う会」について書き直した「まとめ」を七月に再提出した。ところが、「職員会議で指摘されたことが反映されていない、書き直せ」と再々提出を求められ、八月に提出した。提出した「まとめ」について、一〇月一二日の団交で、園長は「字句を修正しただけ」と酷評した。

相馬は、毎年度末に「まとめ」を作成・提出してきたが、「まとめ」について、園長から書き直しを求められたことはなかった。また、前年度の「まとめ」をめぐって、これほど問題にされた者は相馬以外にいない。「まとめ」の書き直し要求は、相馬を退職に追い込んでいくためのパワハラ手段であったため、どこをどう直せばよいのか、園長の指摘が具体的でないだけでなく、どのように書き直しても認められないものだった。

パワハラ停止要求の団交

二〇一六年一〇月、二回目の団交。運動会後の解雇は予想していたが、団交時に相馬解雇が決まっていたことはまだ知らなかった。

「まとめ」をめぐる経緯をまとめた資料を示してパワハラ停止を要求した。元国語教師との経歴の理事斉藤光正が、私が作成した資料が日本語としてなっていないと冒頭からクレームを付けてきた。

相馬は膝が悪いのでウサギ跳びができない。五月に他の保育士に代わってもらったら、園長から勝手に判断した、何が原因で膝が痛くなったのか、全速力で走れるか、なにができないのか、文書を出せと言われて提出した。相馬ができないことへの援助を求めたが、余計なことだ、どうするかは園で判断すると言われた。その後の職員会議で援助を決めたが、具体的な援助はなかった。

私的な身体状況について文書を提出させたうえに援助しなかったことをパワハラとして問題にした。ウサギ跳びができなくても、全体の指導はできると主張したところ、斉藤理事が「ウサギ跳びができない者に全体の指導ができるのか」と喚いた。

翌二〇一七年三月の団交で、斉藤が園の職員でない私が交渉代表であることを冒頭で問題にした。労働組合法は労組に委任された者は交渉代表になることができると定めている。斉藤は、高校教師時代に組合運動をしてきたことを団交で自慢していたが、団交の基本さえ知らない。斉藤は、その指摘程度で黙るような人物でなく、この日は、斉藤と村元が喚き散らして交渉にならなかった。

斉藤は、いわゆる民主団体のイベントに呼びかけ人として名を連ねる常連である。一方で「民主的」存在を演出し、他方で苛烈なパワハラに加担する。確信的なものいいをし、表と裏を使い分ける。そういう人物を学生時代から目の当たりにしてきた。それ以来〝民主的〟だの〝右だ、左だ〟という評価を信じなくなった。

注意書・指示書の乱発

パワハラが解雇に向かって激しさを増したことは、乱発された注意書・指示書の日付にも表われている。

八月一二日、八月二五日、八月二九日

九月二日、九月五日、九月五日、九月八日、九月八日、九月一二日、九月一四日、九月一五日、九月一五日、九月一五日、九月二三日
一〇月五日、一〇月五日、一〇月七日

九月が圧倒的に多い。運動会後の解雇予定のための解雇理由集めである。九月一五日には、進退伺い提出を求める理事長指示書など三件も乱発されている。相馬は、園長のパワハラから逃れるために、「すみません」と謝罪を繰り返し、言われるままに始末書を出していた。

九月五日、二歳クラス担任として目標に達しなかったとの理由で始末書提出を口頭で指示された。相馬は、労組に相談して、「まとめ」をめぐる園長のやり方はパワハラであるから始末書は提出できないと回答した。園長は、相馬ともう一人の労組員を呼び出し、「労組が出さなくてもいいと言ったから出さないというのはおかしい、反省していないのでないか、業務命令に従わないのか」と言い、始末書を出さないという文書の提出を要求した。

九月一五日に「始末書を提出しない理由書」を提出した。提出拒否理由を、①ごっこ遊びの捉え方が不十分だったことは認めたが、それだけでなぜ今「まとめ」全体が問題にされるのか、パワハラの一環でないか。②保育士本来の業務に沿った業務命令には従うが、今回の始末書提出要求が業務命令か疑問がある、とした。

運動会前日に、始末書に代わって顚末書の提出を要求された。相馬が提出した「始末書を提出しな

い理由」と顚末書を職員会議で配布し、さらに労組の団体交渉申し入れ文書等を読み上げたうえで、職員を指名し、相馬の前で批判的意見を言わせた。相馬に対して精神的苦痛を与えるためのパワハラであり、労組の団体交渉に関わりがない職員に会議で批判させるのは、不当労働行為である。

園長に迎合発言する以外にない職員の意見をテコに、反省書提出を要求された。一〇月一八日に園長が反省書でも「まとめ」修正でもどちらでもいいと言ってきた。二〇日に解雇通告を予定していたので、どちらでもいいとしたと思われる。提出前に解雇が通告され、提出されずに終わった。

相馬解雇に同調の職員署名集め

相馬解雇を決定した九月三〇日に理事長を宛名とする「相馬さんに対する職員の意見について」の署名が集められた。職員が相馬解雇を希望しているとの趣旨である。署名には通常は趣旨説明や署名を集める代表者名があるが、この署名にはそれらがない。労組員以外の当時の全職員が署名しているが、相馬らはこの署名集めを知らなかった。解雇に向けた解雇理由補強のため園長要求で署名させられたものと思われる。

園長の専制支配下、自分を守るには署名を断ることはできない。労組に親近だったU、H、労組の交渉で雇い止めを撤回させたKも署名している。三人とも二〇一七年三月末に退職した。HとKに退職が強要されていたとの情報はないが、相馬へのパワハラ激化とともに労組を離れ、運動会準備会議などで園長迎合発言などをしてきたことにいたたまれなかったのではないか。Hは運動会後に電話で労組を悪くは思っていないとの趣旨を相馬に伝えている。

手続き無視で解雇

九月三〇日理事会決定は、解雇手続きとして職種変更を求め、応じなければ解雇との方針だった。一〇月一四日に相馬に対する理事会審問が行なわれた。理事長から反論の機会でもあると言われたので、問題にされた四点について一〇月二〇日付けで「理事会審問に対する回答及び反論」を提出した。

職種変更要求は、突然呼び出されて口頭で伝えられたので、一〇月二二日に「理事会の職種変更要求について」の文書を提出した。雇用契約の保育教諭を他の職種への変更を求める理由と就業規則等の根拠、理事会が変更可能と考える職種を文書で出すように求めた。しかし、これに対する回答がないまま、一〇月二六日に解雇通知が渡された。以下が解雇理由である。

① 職務命令に対する重大な違反行為：始末書等の提出拒否で管理者の業務を妨害した、指導を拒否した、など。

② 業務についての不正な行為：提出文書を自宅で作成するためヒヤリハット報告を持ち出した、作成文書を部外者の三上に見せた。

③ 勤務態度または勤務成績が不良であること：二〇〇五年頃に指導を受け入れず、年間目標を達成できずフリーになった。その後も、勤務に対して職員からの意見・苦情が多数あった、云々。

④ その他：協調姿勢がなく、数次にわたって改善指導を行ない、要望に基づき指導を行なうも、改

善の見込みがない。

その夜、解雇通知を持って相馬が来宅した。「不当解雇されてこんな明るい人に出会ったことがない」と言ったくらい、相馬は明るかった。相馬はネアカな性格だが、解雇を予想していたこと、支える組織があり、不当解雇撤回の見通しがあるからだろう。

3　たんぽぽ保育園との闘い

(1)　提訴で闘う

労働委員会提訴

解雇を予想していたが、解雇前のパワハラに対抗する手段は、損害賠償請求か労働委員会提訴しかない。二〇一六年九月に入ってさらに激しくなった相馬へのパワハラを阻止するため、福保労組会議で損害賠償請求で闘う方針を決めた。

高杉の不当解雇撤回の闘い以来四年半ぶりに葛西弁護士を尋ねて、パワハラを訴因とする損害賠償提訴について相談した。これまでの事実経過を示してパワハラの実態を理解してもらおうとしたが、被害者が思うパワハラが法的にパワハラに当たるとは限らない、裁判でのパワハラと指導との区別は難しいと言われた。

損害賠償請求が当面の闘う手段にならないことが分かったので、団交と青森県労働委員会提訴でパワハラと闘うことになった。一〇月初め青森県労働委員会に労組潰しを目的とするパワハラ停止について相談した。対応した労働委員は、「これはひどいですね」と言ってくれた。強制力はないが比較的短期間に結論が出る「あっせん」を申請した。

「あっせん」を申請したが、園側が応じなければ「あっせん」は成り立たない。「あっせん」案が出されても強制力がないから、園側が応じなければ打ち切りになる。可能な手立ては尽くすことにして、一〇月二〇日労働委員会に「あっせん」申請。応じないだろうとの予想に反して園側が「あっせん」に応じた。

一一月一日に相馬が解雇されたので、提訴の目的が変わった。これからの解雇撤回の闘いやパワハラ訴訟の手掛かりにすること、残ったただ一人の労組員に対するパワハラ阻止を目的にした。

一二月七日第一回あっせん協議。双方の主張の隔たりが大きく、「あっせん」は不調に終わった。一二月一九日第二回「あっせん」協議。委員長から、園側は「指導」と言っている、労組はどういうあり方なら「指導」と受け止められるのか尋ねられた。ミスや不注意に対してすぐに注意書、始末書を出させるのでなく、原因と改善策を話し合うのが指導と答えた。その回答に経営側委員も頷いたが、ごく常識的なこと。

パワハラと指導との区別についての私たちの主張が全労働委員の支持を得た結果、園側も労働委員会「あっせん」案を受け入れざるを得ず、労組と園が合意して「あっせん」が成立した。

「社会福祉法人たんぽぽ福祉会……は、組合員に対して業務に関連した注意書等の提出を求める前に、原因究明と改善策を話し合う場を設け、業務改善につなげるよう努めるものとする。」

この合意は成田園長らの「注意書」乱発や「報告書」「顚末書」要求乱用について、適正な労使関係や労働者の権利の保護の観点から問題があったこと、園長がパワハラの口実としてきた「指導」が指導でなかったことを自ら認めたことになる。

「あっせん」成立直前に要求されていた残る一人に対する始末書提出が取りやめになった。訴訟への手掛かりも得られ、所期の目的は達した。ところが、地位確認請求申立に対して二〇一八年五月に提出された被告準備書面は、青森県労働委員会の「あっせん」合意について、「将来に向けての努力義務を確認しただけ」「パワハラと指導との区別についての原告主張が労働委員全員の支持を得た結果……合意が成立したとの原告主張は、事実を捻じ曲げ、自己に都合のいい虚偽の報告」と主張し、労働委員会「あっせん」と合意主旨をねじ曲げてきた。

地位保全仮処分申し立て

二〇一六年九月の運動会後に解雇を予想していたので、解雇には、地位保全仮処分請求で対抗する方針を葛西弁護士と相談して決めていた。

一一月に地位保全等仮処分申立を地裁に提出し、解雇通告に挙げられている解雇理由の一つひとつに反論した。これに対する園側答弁書が一二月に提出された。「勤務態度又は勤務成績が不良であること」などに対応させた八〇もの解雇理由を列挙、その裏付けのつもりなのだろう、手当たりしだいにコピーしたとしか思えない一〇七点もの証拠資料が添付されていた。認定保育園になった二〇〇一年の青森県知事許可書から解雇を確認した理事会議事録まである。どの解雇理由の裏付けなのか定かでないものや答弁書に該当する記載のないものも少なくない。

八〇の解雇理由は、あることないことでなく、ほとんどデッチ上げ。これまでの闘いの経験から、葛西弁護士には園側提出文書は相馬に直接送らないように依頼し、相馬には読んでも腹が立つだけだから作成した反論案と合わせて渡して、一緒に検討するようにしている。

八〇の解雇理由の一つひとつについて対応する事実の有無を調べた。園側から見た相馬に対するパワハラと解雇に向かう経緯が見えてきた。本書の相馬に関わる叙述は、このとき調べたことに依拠している。それらを「解雇理由——事実と反論」にまとめて葛西弁護士に提出した。

葛西弁護士は、護憲運動や弘前オンブズパーソン代表など多彩な活動をしている。たんぽぽ保育園問題は、園長とその娘による異常なほど執拗なパワハラで、これまでの不当解雇に比べて圧倒的に複雑。膨大な事実とその記録の整理なしに訴状は作成しがたい。葛西弁護士の負担を少しでも減らそうと、訴状作成のための資料づくりや場合によっては訴状などの原案作成もするようになった。

私も手弁当のボランティア。園側代理人弁護士はボランティアでない。敗訴が確実だから〝成功報酬〟の支払いはないとしても、訴訟を起こされれば着手金や日当など一〇〇万円を超える弁護士費用が掛かるだろう。八〇もの解雇理由に一〇七点に及ぶ疎明資料を添えた仮処分申立に対する膨大な答弁書の作成には、かなりの手間と費用を要したと思われる。ところが、本訴に対する園側準備書面はこの答弁書の丸ごとコピーだったりで、その後に提出された答弁書・準備書面は反論に具体性がなく、ずさんである。答弁書・準備書面などの作成が園の大きな負担になっていることが窺われる。

励まされる支援者傍聴　裁判への影響

二〇一六年一二月第一回審尋。審尋は、民事訴訟の仮処分で原告被告双方の主張を裁判官が整理する場である。解雇された側は、原告と代理人弁護士しか入れないが、解雇した雇用者側は、理事長、園長、理事、主任保育士など経営側と言えば参加が認められ、制限がないに等しい。労働裁判では、雇用者側と労働者側とは、初めから対等ではない。

これまでの不当解雇との闘いのように、福保労が支援者に地裁集結を呼びかけた。以前との違いは、呼びかけ手段がもっぱらケイタイになったことだろう。「審尋」は傍聴できないので地裁ホールで終わるのを待つことになる。「口頭弁論」は傍聴できるが、証人尋問がなければ数分で終わる。始まる前と終わった後に、その日の問題や課題を報告しているが、裁判所に行って支援になるの？　と初めての人は誰もが思う。

傍聴が多ければ、裁判官はこの訴訟が社会的関心が集めていることを知り、それなりの緊張感をもって裁判に臨むと言われている。参加者が多いほど効果がある。労働裁判では、昔から労働者側は裁判所集結を呼びかけてきた。相馬の裁判でも毎回三〇人前後が参加してくれる。地裁弘前支部のホールや法廷傍聴席を埋めるほどの裁判が他にあるとは思えない。
不当解雇された者が最も励まされるのは、傍聴や後に紹介する市民集会である。自分が知らない多くの人が来てくれて、あれこれ励ましてくれる。この励ましに癒され、救われることもある。

二〇一七年一月、二回目の審尋。裁判官から「和解」を求められ、金銭解雇には応じないとの確認に反して相馬が検討すると言ったため、審尋が一回増えた。二月六日第三回審尋。相馬が退職前提の和解を拒否して一〇分ほどで終了、判決に当たる「決定」が出されることになった。

二月二一日、地位保全仮処分申立に対する「決定」が出た。予想どおり、労働契約法第一六条と最近の判例の流れに従って、解雇は権利濫用で無効、賃金全額の仮払い要求に対して二月から二五万円の仮払いが認められた。

園側が、わずか二日後に解雇無効と一部仮払いとに異義を申し立てた。申立書は四ページの短いものだが、添えられた成田綾子の陳述書は一ページ約九九〇字で六三ページに及ぶ長文。あらかじめ準備していたことが分かる。

四月、園側の保全異義申立に対する「決定」が別の裁判官から出された。解雇無効とその理由は維持されたが、仮払いは二五万円から一五万円に減額され、さらに雇用保険からの仮払いがある間は賃金仮払いの必要なし。仮払いはわずか四ヵ月に短縮された。月一五万円は裁判官の小遣い程度でないか。労働者ならその程度で十分との蔑視が透けて見える。

裁判官の創作

「決定」は相馬が園児を危険に曝したとの園の主張のほとんどをそのまま認めて「保育内容はベテラン保育士に期待される質の高いものとは到底いえない」としただけでなく、それが二〇一六年四月に入ってから問題化し出したのは、主任が三上だったから問題にされなかったが、主任が村元になり、保育水準や保育士に対する評価基準が上がったためと園側主張文書にさえないことを裁判官が創作した。三上より村元の方が保育水準が高いという、根拠のない推測である。

園側保全異義申立に対する「決定」では、事実誤認による創作が上乗せされた。「債権者の保育態度、保育内容は、決して平成二八年四月以降から生じたものではなく、それ以前から存在していたものであるところ……長らくメインではなくサブの保育上として稼働させてきたこともあって、それ以上に顕在化することがなかったからにすぎない。」

〝メイン〟とは担任を持つこと、〝サブ〟とは担任でないかフリーの立場を指すらしい。相馬が勤務成績不良のため二〇〇五年度に担任を外され、フリーになったとのデッチ上げは、解雇理由のひとつだった。相馬は、二〇〇五年度は一歳児担任、翌二〇〇六年度は三歳児担任、二〇〇七年度と二〇〇八年度は持ち上がりで四歳児、五歳児クラスの担任だった。二〇〇九年度から二〇一四年度までフリー保育士だったが、ベテラン保育士として経験の浅い担任保育士を援助するためで、園長、村元主任とともに管理者会議のメンバーという重要な役割を果たしていた。二〇一五年度からは、園側主張によると「担任として有終の美を飾」らせるため二歳児クラス担任にさせ、二〇一六年度には持ち上がりでない四歳児の担任になっている。

裁判官は、相馬側の反論を無視し、園側の言い分のみを鵜呑みにして無知をさらけ出したというほかない。このような「決定」では、一〇〇%デタラメな解雇理由はそのまま。相馬は救われない。たんぽぽ保育園の正常化と相馬の復職を前提に闘ってきたが、定年目前。園側の対応から見て復職は無理、解雇後の賃金全額、退職金等を支払わせるためには、解雇無効判決を勝ち取る以外にない。訴訟を起こしても確定は定年後になる。市民ネット配布資料に書いた「それでも提訴する意味はあるか。ある。個人的にも、組合にとっても、社会的にも」と書いた個所を相馬に見せてどう思うか聞いた。分かります、闘います、諦めません——彼女の意志は明確だとその時は思った。

地位確認請求（本訴）

地位保全仮処分申立で解雇無効は認められたが、あくまで仮に認められただけ。しかも、尊厳の回復にとっては不全感を拭えない結果に終わった。デタラメな解雇理由と解雇の撤回には、本訴での勝利が必要。本訴で闘うことになった。

葛西弁護士の訴状案は、慣行に従って解雇理由への反論のみだったが、相馬解雇は「組合潰しとリストラ」の仕上げだった。それを基本視点とする訴状を希望した。二〇一六年度から相馬に対するパワハラが始まった理由を裁判官に創作させないためである。

私の訴状案は解雇理由への反論に止まらないので、葛西弁護士から法曹関係者作成の形式でないと言われた。法曹の形式では、訴状では解雇理由に添って反証・反論し、それ以上は原告陳述書で補足する。しかし、高杉裁判判決での高杉の陳述書や相馬の仮処分申立「決定」での相馬の陳述書がそうだったが、陳述が判決や「決定」に反映されていない。裁判官が原告陳述を重視しないと考えざるをえない。

民事訴訟では、訴状や答弁書、準備書面の形式が決まっているように思われる。必須の記載事項はあるが、用紙も行数、字数などの形式・様式は決まっていない。弁護士は、裁判になった時のことや裁判官に与える印象、「法曹の常識」といったものを重視するだろう。私も研究者の端くれだから分かるが、どの専門分野にも常識とされる前提がある。それにもとづかなければ、ゼロから議論しなければならない。だが、労働裁判は、その「前提」や「法曹の常識」を打ち破ってきたのではないか。葛西弁護士とひと議論の末に、訴状は代理人弁護士作成でなく、相馬名の原告訴状で出すことになった。

リストラ効果試算

リストラ効果試算に必要な給与表・一時金規程及び退職金給付規程等が職員に配布されていない。二〇一七年五月の団交で就業規則等の開示義務を定めた労基法の条項、条文を示して要求したが、園長と娘がいる事務室に備えられている。見るだけ。園外持ち出し不可、コピー、メモも不可との回答。労基法違反で労基署に訴えて時間を取られるより田畑のノート記録や分会労組員の給与明細、手当支払い規程や慣行から給与表を試作した。誤差はせいぜい一〇〇円程度、リストラ効果の推計には支障が

たんぽぽ保育園の人件費推移
園側準備書面(2)書証乙9号による

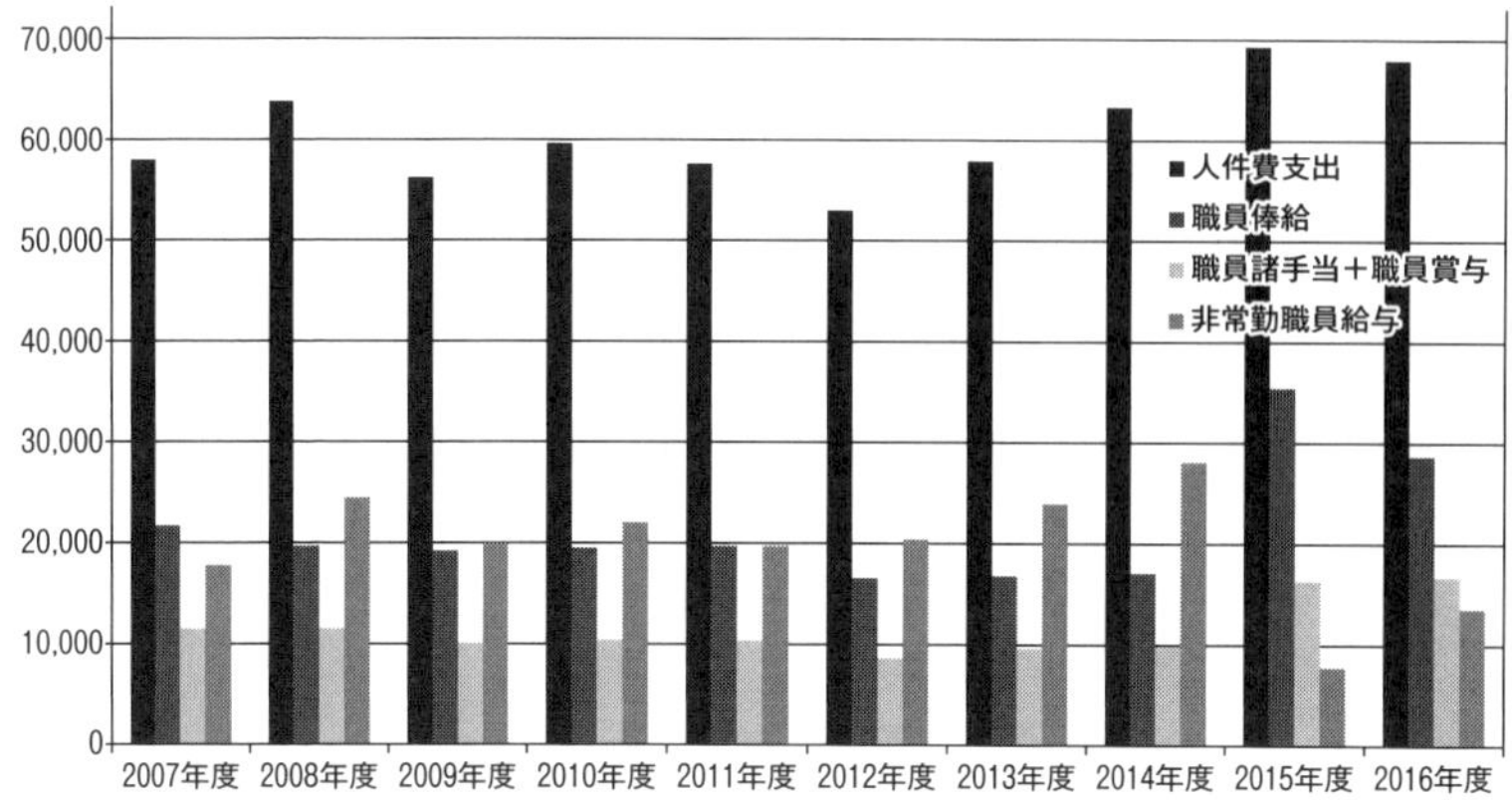

ない。

田畑を退職させて事務員を一人にしたリストラ効果は三四一万円。三上と相馬を非正規保育士に置き換えたリストラ効果は二一五万円と三六一万円。リストラ効果は、計九二二万円に達する。これに正規保育士UやHの退職と非正規への置き換えを加算すれば、一五〇〇万円を超えるだろう。

園側の反論。田畑と三上が退職した二〇一五年度を二〇一四年度と比較すれば人件費は増加しており、原告主張は客観性を欠いているなどと批判、その証拠資料として二〇一二年度から二〇一六年度までの「事業活動収支計算書」を提出した。

その人件費推移を調べた。二〇一四年度の正規職員数は七人。二〇一五年度はUとHが非正規から正規になったが、田畑が五月に、三上が八月に退職している。月数換算では七・五人、〇・五人増えたにすぎない。ところが、グラフが示しているように、手当や賞与を含めた正規職員人件費は、二〇一四年度の二六八五万円から二〇一五年度は五一八三万円にほぼ倍増している。他方、非正規人件費は非正規二人が正規になっただけで二八一〇万円から七八一万円に、四分の一になっている。証拠資料の二〇一五年度の人件費配分は工作されたとしか思えない。

労組潰し反論の偽装工作

二〇一八年二月、成田百合子と村元ら四人が福保労加入申込書を要求してきた。二月に提出された園側準備書面での園長の主張、「組合員を辞めさせようとしたことは一切無く、むしろ……組合員になることを進めてきた」を裏付けるための見え透いた、稚拙なアリバイ工作である。

福保労に加入すれば、相馬に対する不当解雇撤回の闘いに参加してもらうことになる。裁判所に提出された相馬らに対する誹謗中傷の撤回も求めることになる。それらの問題に対する回答を文書で求めた。事実を曲げて撤回することが組合加入の条件とされていることは加入拒否と受け止めるとの回答がきた。バカバカしいのひと言に尽きる。

園側引き延ばし作戦

二〇一七年一〇月、青森地裁弘前支部に地位確認請求を申し立てた。訴状に添付した証拠資料五二点。そのほとんどは、園側がこれまでに地裁に提出した証拠資料である。

二〇一七年一一月、園側が慣習どおり「否認する」を連ねた形ばかりの答弁書提出。二〇一八年一月に園側が準備書面1を提出したが、具体的な反論は先送り。二月に園側が準備書面2提出。なんと地位保全仮処分申立に対する園側答弁書のコピー、添付の証拠資料まで同じ。裁判を投げたとしか思えない。

三月に園側準備書面3が提出されたが、二月の準備書面の誤記訂正のみ。四月に相馬側が反論の準備書面を提出し、五月に園側がそれに対する準備書面4を提出したが、相馬に関わりがないか、古いことばかり。葛西弁護士が反論に具体性がないと指摘、裁判官も同調したため九月に園側準備書面5が提出された。添付の書証は七七点、三一一枚。そのうち二六八枚は、法人化の二〇〇一年から二〇一〇年までのもので、「成長しました」との園児の顔写真が一三枚もある。裁判の書証としてどんな意味があるのか理解しがたいが、これまでに提出された疎明資料、書証で『たんぽぽ保育園史』を書けるだろう。

昨年一〇月に本訴を起こしてから、すでに一年。相馬訴状に対する反論とその裏付け証拠が必要だが、訴状の証拠資料のほとんどが園側提出のものなので反証できないのだろう。

園側が裁判の引き延ばしを図っていることもある。理由は、相馬が三月三一日で六〇歳定年退職になったこと。退職したので仮処分で認められた賃金の一部仮払いもなくなり、無収入になった。無収入状態で裁判を長引かせれば、経済的に苦しくなって園側提示の解決金で和解に応じるのと考えたのだろう。準備書面で先延ばしできる法曹の慣行がそれを許し、不当解雇された者の苦しみを長引かせているように思われる。

棄てる神あれば拾う神あり

事実、相馬は苦しい経済状態に置かれており、再就職しなければ生活できない。しかし、解雇されて裁判を起こしている定年保育士をあえて雇う保育園はないだろう。雇う保育園があったとしても雇用延長待遇か時給八三四円のパート、家族が暮らせる賃金でない。園側は裁判を長引かせれば有利と考えたに違いない。

ところが、〝棄てる神あれば拾う神あり〟のたとえどおり、相馬を正規で雇ってくれる保育園があった。面接で、解雇されたこと、裁判で闘っていることを話した。それで不採用なら仕方がないと覚悟のうえで。園長は、よく頑張ったね、過去は過去、これからは前向きに、と励ましてくれた。三月三一日不当解雇されたまま定年退職、四月一日正規保育士として一四ヵ月ぶりの勤務。誰も予想しなかったことが起きた。

正規保育士として働きながら、判決まででも闘うことができる。「ひだまり」掲載ページの画像をホームページに掲載した。これ以上引き延ばしを図っても無駄と園側に知らせるためもある。案の定、その画像が園側準備書面の証拠として提出された。「誰も予想しなかった」に対して「保育士に対するニーズは高い」との言い分の裏付け証拠のつもりらしい。

損害賠償請求提訴へ

損害賠償請求は、関わり始めたときから課題だった。葛西弁護士は消極的だったが、二〇一八年に入ってから損害賠償請求訴状原案を作成し始めた。園長らの異常、執拗なパワハラや解雇理由の検討、その証拠資料の読み込み、うんざりすることばかりで楽しいことはなにひとつない。半日作業が精神的限度だった。

損害賠償訴状案作成には、聞き取りだけでなく、必ず裏付けが必要である。田畑については、緻密な性格のなせる技で日々の業務処理が事細かくノートに記録されているが、肝腎の成田百合子や園長から受けたパワハラの記録がない。成田百合子との関係をうかがわせる記述もない。帳簿改ざんの会議記録などを手掛かりに田畑に聞き取りした。「話せば楽になるかと思ったが、そうでなかった」と言われた。

三上は、園を退職した際に持っていた書類やノートの類いを棄ててしまったので、パワハラの経緯の裏付けがない。わずかに残っていたメモをもとにどんなことでもいいと話してもらい、そこからパワハラの経緯を明らかにした。裏付けに使ったのは、園側提出の証拠資料である。

相馬については、パワハラに損害賠償で闘うつもりだったので、関わってから日々の出来事を記録してきた。資料がありすぎて整理に苦労した。加えて、地位保全仮処分申立や本訴に対して園側が出してきた膨大な証拠資料が役立った。

二〇一八年二月半ばに一通り書き上げて葛西弁護士と協議したが、解雇無効判決の際に損害賠償請求は却下されている、提訴中の地位確認請求にマイナスになると強行に反対された。労働裁判は勝てなくても法の狭い解釈をこじ開け、拡げてきたのではないか。労働組合が負けても闘う意味はそこにもあると思うと食い下がって、訴状案作成をようやく納得してもらった。同席した相馬は、そのやり取りを聞いていて、どうなるかとはらはらしたと言った。

地位確認請求と損害賠償請求とは別裁判と思ったが、調べて葛西弁護士の主張が的外れでないことが分かった。すでに述べたように、解雇された労働者が解雇無効とパワハラに対する損害賠償請求で争っても、裁判官は解雇無効と未払賃金支払いで慰謝されているとして後者を認めないとされてきた。

その流れが変わったとされたのは、二〇一三年八月の福島地裁郡山支部判決である。福島県須賀川市の保育園で保育士一二人が事務長のパワハラに対する損害賠償請求と懲戒解雇撤回で提訴したが、判決は懲戒解雇無効、一二人のうち一〇人に計一一一万円の損害賠償を命じた。解雇無効とパワハラに対する損害賠償請求とを両立させた判決である。

ところが、第2章で述べたように、これに先立つ二〇〇九年一一月、地裁弘前支部判決は土谷の解雇無効・未払賃金全額と慰謝料三〇万円の支払いを命じている。

現在は、最高裁がパワハラ・セクハラ防止の観点からパワハラ・セクハラ訴訟に積極的になり、それを受けて下級審でもパワハラ・セクハラに対する賠償請求を認めるようになったことが分かった。

着手から六カ月かかってようやく訴状案ができ、それを葛西弁護士が訴状の形式に整えてくれて二〇一八年七月二日に地裁に提訴した。損害賠償請求額は、理事会と成田綾子にそれぞれに一〇〇万円と五〇万円、計三〇〇万円。パワハラで退職、解雇された三人の了解を得て訴状案を作成したが、田畑は退職から三年経ってもその時のトラウマから脱することができず、原告に加わることができなかった。三上千幸と相馬を原告に、理事会だけでなく、娘と一体で執拗で異常なほどのパワハラを浴びせた園長も被告に加え、賠償を請求した。

成田綾子が、一〇月二五日に相馬と三上に対して二二〇万円の損害賠償請求を青森地裁弘前支部に申し立てた。その訴状と答弁書の提出要求が地裁から二人に郵送されてきた。二人が他の分会労組員と共に成田綾子に名誉毀損と著しい精神的苦痛を与えた、それを金銭換算すれば二二〇万円を上回る、というのが訴因。その裏付けの書証は、大部分が福保労組ホームページの写し、「捨てる神あれば、拾う神あり」の画像まである。たんぽぽ保育園の保護者に配ったチラシ、署名集めの配布資料一式もある。どれも不当解雇した者に対する労組の正当な活動資料で、成田綾子の名の記載はどれにもない。それが著しい名誉毀損と精神的苦痛を与えたとの言い分は、並みの頭では理解できない。

(2) パワハラで言いなりになる理由

すぐ詫び、始末書を出す相馬を突き放す

相馬に初めて会ったとき、パワハラには「ああそうですか」と聞き流し、「すみません」と簡単に詫びないように、書類出せと言われたら「組合に相談します」と回答するように言った。ところが、パワハラが激化するにつれて「すみません」と詫び、言いなりに始末書を出すことが多くなった。パワハラ・エスカレートは、相馬がいちいち反応し、言われるままに反省することも大きい。それ

がさらにいじめの材料になる。自ら墓穴を掘っている事態がこれからの闘いや裁判に致命的な結果をもたらしかねない。この頃、私はパワハラをこのようにしか理解していなかった。

九月のある朝、相馬に、いちいち反応して墓穴を掘るのをやめなければ交渉代表を降りると通告した。しかし、一方的な通告だけでは、私も落ち着かなかった。翌朝相馬にファックス。「まだ闘えるかも知れないとの気持ちになった。そのための絶対条件。理事長に求められた進退伺い提出を拒否すること。園長の言うことに絶対に乗っていかないこと。それが実行できれば、パワハラと闘う手があるかも知れない。」

すぐに相馬から電話。この後どうなるか、どん底に落ちたことに気付いたという。私の要求に添うことを約束した。一週間後に相馬来宅。この間の園長のパワハラとそれへの対応を聴いた。九月二四日の運動会とその後の解雇へ向かってパワハラが激化していたが、相馬は動揺することなく労組を前面に出して闘っていた。

担当園児の母親から「相馬先生、辞めないで」と言われたという。園と相馬との間でなにが起こっているか、母親の間には伝わっていた。

さかのぼって分かった、謝罪・いいなりになる理由

相馬の前に三人もパワハラで退職に追い込まれていたことは知っていたが、それらをさかのぼって調べたくなかった。保育士Uに対するパワハラと退職強要との闘いに取り組んでいたのは、Yと地区労連事務局長。彼らとは本書の三件の不当解雇の闘いをともにした。彼らが関わっていた相馬以前には踏み込まずに済むように、私の関わりを相馬に対するパワハラに限定していた。

しかし、相馬の前に何が起きていたのかが分からないと、なぜ二〇一六年四月から相馬に対してパワハラが始まったのかがはっきりしない。田畑と三上千幸、Uが退職に追い込まれていく経緯をたどった。彼女たちもパワハラに対して謝罪を繰り返し、やがていいなりになっていったことが分かった。相馬の「すみません」は、パワハラに対する自己防衛だった。彼女自身も気付いてはいなかった。私は詫びた。福保労にも詫びた。

パワハラで追い詰められて自殺するくらいなら辞めればいいと思うだろう。しかし、パワハラで追い詰められれば、言いなりになるか、自殺しか逃れられなくなる。この気付きがなかったら、田畑に始まる園長のパワハラの経緯とその目的、田畑や三上が退職した真因を明らかにすることはできなかったし、闘い続けることはできなかったろう。

(3)　二人三脚

なんども〝転ぶ〟

二〇一六年七月の団交申し入れ直後、前述のとおり園長懐柔のワナに落ちそうになった。

二〇一七年一月二回目の審尋。まだ出ないと思っていた和解協議要求が裁判官から出され、それに相馬が考えてみると言ったため、さらに先延ばしになった。「和解」とは名ばかり、雇用者の思惑どおりに労働者を解雇するのが「和解」だ。園側はニコニコしていたという。

迷いながらとはいえ裁判官の提案に乗った相馬は、この労働裁判が相馬ひとりのものでないことをまたも忘れた。

仮処分「決定」に園側が保全異義申立。三月二二日の審尋で園側が「和解」案を提示した。解雇は撤回、解決金三〇〇万円支払い、相馬は自主退職。裁判官が三〇〇万円は定年まで残る一年間の給与額と説明した。

相馬から電話がきた。この和解案に乗ろうという。金銭解雇には応じないとあれほど話し合い、方針を確認してきたのに。私は呆れたと同時に腹が立って怒鳴りつけ、電話を切った。

解雇無効が確定すれば、園側は定年退職までの未払賃金七〇〇万円余、社会保険料の雇用主負担九〇万円余、退職金も支払わなければならない。九〇〇万円を超えるだろう。それを三〇〇万円に値切る虫のいい「和解案」である。「解雇撤回と三〇〇万円」に目が眩んだとしか思えない。

審尋について相馬が説明に来ることになっていた。電話で怒鳴られたことでもあり、来ないと思っていた。ところが、これまでどおりの明るい声で「これから行きます」との電話。私は来宅を断った。彼女は思ってもみなかったらしいが、なにも感じないらしい。翌日も予告なしに来宅。インターフォン越しに「反省しています」と言う。いま頃気づいたのか。入れなかった。カミさんによると、寝言でも叱りつけていたらしい。

だが、私の対応は、後述のように予期しないパワハラや解雇に遭った者の一歩一歩を理解できていなかっただけだった。

二人三脚でともに成長

相馬との付き合いは二年以上になる。人柄が分かってきた。大雑把というか、おおらかというか、いわゆる〝憎めない〟性格。支援者には、卒園児の親も多い。その性格が保育士としてどんな意味を持っているのか。たんぽぽ保育園問題を通してその意味が分かってきた。

日本の教育は、保育園、幼稚園から大学まで管理主義教育でないかと考えるようになった。たとえば保育園の運動会。どの年齢のクラスも園児が一斉に同じ行動をさせる。親も我が子が他の子どもと同じ行動ができることを期待する。運動会練習は、その訓練だ。だが、同じ年齢でも一年近い差がある。幼児ほどその時間差のもつ意味は大きい。それを無視して訓練する。軍隊教育と同じ。

運動会後の反省会で、村元が「ルールを守って遊ぶをやっていない。悔しいというのが見えない」と相馬を攻撃した。四歳児を遊ばせるのは、悔しいという感情を育てるためだという。まさに軍隊教育そのものだ。

想い起こせば、小学校の運動会もそうだった。開会と同時に吹奏楽曲で行進。人気は六年生の騎馬戦。まさに軍隊教育だった。相馬もそんな保育園の在り方に疑問を持っていなかったようだが、性格的にも管理主義は苦手だったらしい。園児にはおおらかに接していたようだ。

それが、担任を持ち上がりの三歳児から関係を築けていない四歳児に突然変えられた。四月初めから、管理主義でこづく園長や村元の計画的パワハラに曝され、一人では担任ができないと認めさせられた。相馬のなにが攻撃されていたのかが分った。

二〇一八年六月八日。本訴に対するわずか数分の口頭弁論終了後、原告被告双方が裁判官の下で話し合う弁論準備期日。裁判官が早々と和解を持ち出した。「昔のことをいろいろ出されるとさらに傷つくだろう。この辺で和解してはどうか」と裁判官。「もう慣れました、被告準備書面を出させてください」と相馬。頼もしくなったものだ。「和解」に振り回されていた相馬と、いまの彼女とは別人のようだ。解雇されて、闘いのなかでこれほど成長する人は滅多にいないだろう。

相馬との二年余は紆余曲折だったが、考えてみれば相馬にとってはすべてが初めての経験。パワハラに曝され、解雇され、思ってもみなかった裁判所に出入りし、裁判官と向き合い、法廷に座らせられる。園児の数より多い人前で訴える。そんなことは映画やテレビの世界だったろう。それが、自分に降りかかってきた。

その是非を私が自分の経験で判断していた。失敗や間違いを経験しなければ、その意味は分からなかったろうし、学べなかったろう。それを相馬が教えてくれた。二人三脚の闘いだった。

相馬と出会ってからまだ二年余だが、私の人生にこれほどの闘いとの関わりがあるとも、相馬のような人に出会うとも思わなかった。人生は人との出会い。どんな出会いが人生を創ってくれるのか、想定できないのが人生なのだろう。

第5章

支援組織づくり・闘う福保労組へ

1　支援組織づくりで市民と連携

不当解雇との闘いは、労働組合・労働運動ベースで闘うことを基本にしてきた。しかし、今回は事情が違った。これまでの闘いをともにしてきた地区労連のYや事務局長の関与を福保労が拒否した。地区労連加盟はそのまま、執行委員も出しているが、加盟労組は土谷・高杉解雇の闘い当時から弱体化しており、現状は支援を期待できる状況でない。

なんらかの支援組織が必要だ。労組や民主団体などの名を連ねた支援組織を立ち上げるのが、これまでの闘い方のスタイルだろう。第3章までに登場する支援する会はそのスタイルで組織されたが、そのままでは機能しなかった。弱体化して〝死に体〟の労組に集会案内を渡しても労組員まで届けられないし、賑々しく名を連ねた団体からの参加者はほとんどない。形ばかりの支援組織を作ったために会議開催にさえ手間が掛かることは、土谷や高杉の不当解雇撤回を支援する会で経験した。労組の存在感がない現況で、名前貸しに近い労組名を並べたところで市民にアッピールしない。いまにあったスタイルの支援組織が必要である。

相馬に解雇が通告された直後の一〇月三〇日に市民集会「あの『たんぽぽ保育園』で、いまなにが起きているか」を緊急開催した。「あの」としたのは、〝民主的、先進的で知られる〟の意味がこめら

「あの『たんぽぽ保育園』で、いまなにが起きているか」市民集会

れている。宣伝期間が短かったにもかかわらず、クチコミで伝わって予想を上回る三四人が参加してくれた。参加者は元津軽保健生協職員やたんぽぽ保育園の元保育士など関係者が多く、参加者のほとんどは「信じられない」で参加。「本当だったら許せない」との声が圧倒的だった。

現に子どもを預けている母親が一〇人も参加して発言してくれたことは、励みになった。

この経験を活して、携帯やスマホを使った口コミで知らせる不定形の「市民ネット」を立ち上げることにした。二〇一六年一一月に支援組織「市民ネット」を作るための集会を開催した。福保労がネットで拡散する際の発信元になってくれそうな人に声を掛けた。一四人が集まってくれた。

参加者だけでなく福保労員からも、それは組織でないとの批判や名前貸し組織を並べた従来型組織要求も出された。会報発行要求も出された。言うのも要求も簡単だ。誰がそれをするのか。支援する会では、苦労して会報を作成して一〇〇部以上郵送していたが、読んでいない人が多いのが実態だった。後で読もうと開封せず、忘れてしまうからだろう。

私はボランティア、専従ではない。福保労員も現職だったり、他の活動の主力だったりで専従はいない。パワハラ・不当解雇との闘いは長くなる。無理のない運動形態にしないと保たない。いまはネット、スマホの時代。会報の代わりにホームページを活用し、集会は、ネットの核になる人から知り合いに携帯で知らせてもらうことにした。

一二月、二回目の市民ネット集会。三〇人ほど参加してくれた。〝あのたんぽぽ保育園が？〟と、毎回半信半疑の人が事実を確かめたくて参加する。参加するだけで「市民ネット」につながるので、「市民ネット」はアメーバのように不定形に拡がる。

審尋でも本訴の口頭弁論でも、地裁に来てくれる人を福保労組員や「市民ネット」がケイタイで組織する。毎回三〇人ほどの参加者には、新しい参加者もいる。高杉・土谷の闘いでの参加者より、いつも多い。「たんぽぽ保育園」効果と「市民ネット」だからこその参加者数と言ってよい。政治もそうだが、労組の闘いにも新しい形、スタイルが必要である。

2　福保労、自前の闘いへ

労働者が依るべき組織が労働組合であることは、資本主義である限り変わらない。福保労が自前で

たんぽぽ問題報告会

闘うしかないが、福保労も園の分会労組も自前で闘った経験がない。東北最小の福保労になり、消滅を待つのみの状況だった。だが、労組員が三人もいれば、かなりのことができる。福保労に相馬の不当解雇撤回を自前で闘うよう求め、私は労組に闘い方を助言する顧問と園との交渉の代表を引き受けた。

保育園の弱点

相手の弱点を攻めるのが闘いの常道。保育園の弱点は保護者である。保護者が連名で解雇撤回を要求すれば、園側は無視できない。

だが、保護者は、子どもを〝人質〟に取られている、園長が子どもに報復するのでないかと懸念する。そんなことをしないだろうと思われるだろうが、気に入らない保育士が担任のクラスのおもちゃを買う予算を減らすなどの差別をしている。現に相馬担任の四歳児クラスは、園児が楽しみにしていた一〇月恒例の「鉄道の日」には行かなくていいと園長が外した。パワハラ・ターゲットに打撃を与えるために園児をいじめるという、園長として許されない成田綾子の異常さ。

保護者に立ち上がることを期待するのは難しいが、弱点がもうひとつ、保育園の評判である。親は、家か職場に近いで保育園を選択するが、たんぽぽ保育園の近くにより評価の高い保育園がある。二年前にはなかった、保育料が安い企業型保育園も増えた。評判が落ちれば園児が集まらなくなる。たんぽぽ保育園の実態を知って、保育園を変えた親もいる。実態を知らせることが、弱点を攻める闘いになる。

保護者と園周辺に問題を知らせる

二〇一七年二月二二日。解雇無効との仮処分「決定」を知らせるために保護者にチラシ配布した。チラシは、いかにも組合ビラにならないよう、クラス便りを作る保育士の日頃の腕を生かした。

翌日、保護者に理事長名の「緊急のお知らせ」が渡された。「事実に反する内容で園に対する誹謗中傷である。『決定』は相馬の不適切な保育を指摘、中立を却下した」などとまさに「事実に反する内容」の言い訳。解雇無効には触れていない。

二〇一八年三月、たんぽぽ保育園前の一般道路などで保護者向けチラシ「相馬先生、解雇無効の地裁決定」を配布した。園の敷地外にもかかわらず、ビデオ撮影し、村元らが出て来てチラシをひったくるなど配布を妨害した。その様子を撮影して対抗した。

たんぽぽ保育園に子どもを預けている親は、家に近いとの理由で選択している。〝あのたんぽぽ保育園〟の実態を親に知らせるため、福保労組員が周辺地域一帯にリーフレットをポスティング。労組員だけでなく、市民ネット参加者も手伝ってくれて、これまで一五〇〇枚ほど撒いた。周辺地域へのポスティングは、たんぽぽ保育園を追い詰めるうえで効果が大きい。

解雇撤回と理事会の責任を問う署名二〇〇〇超

仮処分とは言え、権利の濫用で解雇無効の「決定」を勝ち取った。二〇一七年二月、第三回市民ネット集会開催。たんぽぽ保育園理事会に対して解雇撤回を要求する署名運動を提案した。目的は、数を集めることでなく、〝あのたんぽぽ保育園〟の実態を知らせること。署名運動期間は、次回集会までの二ヵ月弱。署名数は三〇〇程度と予想していた。

四月第四回市民ネット集会。持ち寄られた署名数は、重点の弘前市内だけで七〇〇近く、県内外合わせて一七〇〇超。署名はその後も増え続けて二〇〇〇を超えた。運動の中心は福保労だが、署名を求められた人のほとんどが「ウソでしょ」との反応。本当だと分かると、署名集めを買って出てくれ、「市民ネット」が拡がった。それで予想をはるかに上回る署名数になった。

園に子どもを預けている保護者の署名は、園児が園長に報復される恐れがあるので避けた。

五月の団交で署名簿を渡そうとしたが、園側が受け取り拒否。仮処分「決定」を受けて解雇撤回を求めたが、本訴で争うとこれも拒否された。

ホームページ開設

福保労の最初の取り組みは、ホームページ開設。ホームページづくりと管理は、退職させられた田畑が担当している。二〇一七年五月にアップロードしたが、「たんぽぽ保育園問題」などのキーワードを入れても、全国の「たんぽぽ保育園」が検索されるだけ。検索されない状態がしばらく続いた。

いまは検索サイトに「たんぽぽ」と入れると、「たんぽぽ保育園不当解雇問題：ホーム」がトップに出る。観てくれる人が多くなった。そのなかには、「棄てる神あれば拾う神あり」でみたように、園長らもいるようだ。気になるのだろう。周辺地域でのポスティング後、検索トップに出てくるようになった。連携効果である。

福保労ホームページも「たんぽぽ保育園」も全国に知られるようになった。有名になり過ぎたからなのか、過去の歴史を切り捨てたいのか、「たんぽぽ保育園」は一〇月から所在町名の「田町こども園」に名称変更された。「田町こども園」もすぐに〝全国区〟になるだろう。

「ひだまり」会報に「たんぽぽ保育園問題」の経過掲載

ひだまり会報にたんぽぽ保育園問題の経過を掲載して県内に知らせている。現在の津軽保健生協には非正規職員が多い。ひだまりの組合員もいる。彼らにも知らせることで、保健生協病院内に伝える目的もある。

最初は、二〇一六年一〇月号に「弘前のたんぽぽ保育園で二年に渡る組合つぶしのパワハラ」掲載。

この記事は、狙いどおり保健生協病院内に伝わり、相馬が卒園させた園児の親の医師が相馬に連絡してきた。いまも支援してくれている。以来、二〇一六年一一月号、二〇一七年二月号、二〇一七年一一月号、二〇一八年四月号と六回掲載した。

旗開きで盛り上がる

解雇後の二〇一六年一二月に気勢を上げようと忘年会を持ったが、挨拶も乾杯も形式的。闘いを振り返るでもなく、どうでもいい雑談ばかり。なんとも締まらない忘年会だった。

二〇一八年一月。居酒屋で福保労旗開き。ひとケタとはいえ全員出席。私のいつもの辛口挨拶にもかかわらず、新年会は盛り上がった。組織に属しているだけで仲間意識は生まれない。楽でない生活を抱えながらみんなが闘いに参加し、ともに闘っている実感が仲間意識を育み、飲み会を盛り上げる。地区労連に丸投げしていた頃には、労組の将来について希望を語ることもなかったろう。

労組衰退の原因

とは言え、これで福保労の将来が開けるわけではない。福保労は全国組織の青森支部だが、弘前市と周辺を組織しているだけ。福祉労働も保育労働も問題だらけで労組の必要性は大きいが、組合員は定年退職などで減る一方、いまやひとケタの組合員数、東北最小支部である。

顧問就任の条件として福保労が風前の灯火になった原因の解明を求めた。総会議案書に「組合員拡大に努めたが、成果が上がらなかった」の一行。宿題にまったく答えていないだけでなく、してもいない組合員拡大をしたかのように装う役人の答弁のような決まり文句。総会議案書には組合員数を載せない。

〝組織防衛〟と称して労組名では公共施設や飲食店さえ借りない。「労働組合」の看板を掲げているが、六〇年代までの労組の〝化石〟としか言いようがない。

分会のひとつは〝非公然〟を理由に何もしない。何もしない点では園の分会労組も同じ。田畑がパワハラに曝されている時は三上が立ち上がったが、その三上がパワハラで退職を迫られているときに分会長だった相馬は悩みを聞くだけだった。ただの〝お話会〟である。

足元の活動をなにもしなければ、〝化石〟のままでも時代とのずれが分からない。労組の存在も見えない。労組員減少の原因が、なにもしないことにあるのは明白である。

相馬は、保育士Uに対するパワハラに取り組んだが、前述のとおり丸投げした地区労連幹部の体質に問題があり、相馬自身が最後のパワハラ・ターゲットになった。労組が存在するのに園長とその娘によるパワハラで四人もの犠牲者を出すことになったのは、福保労の体質にも原因がある。

福保労がとりわけ熱心な活動がある。県労連や福保労東北支部や全国の会議などへの参加である。要するに組織維持活動で、集めた組合費のほぼ全額がその旅費に使われている。闘うこともないのに「闘争資金」の積み立てがある。闘いにかかるコピー代などをカンパで賄おうとした。足元の活動がないから、組合費を組合員のために使う発想が出てこない。

名ばかり労組だったが、たんぽぽ保育園問題に自前で闘っているいまは、こうではない。とんでもない労組だったように思われるが、例外とも思えない。足元で闘わず、組織維持活動か、せいぜい毎年決まりきった賃上げのスケジュール闘争だけになっている労組は、珍しくないのではないか。労組の弱体化、衰退は高度経済成長が終わった七〇年代から始まった。賃上げなど〝物取り主義〟に特化した労組の体質は、低成長期になって〝賃上げか、雇用か〟で迫る経営側の壁を崩せなくなった。〝モーレツ社員〟が流行語になったように、「働き方」が問題だったが、労組の関心は低いまま今に至っている。

「はじめに」でふれた『労働組合のロマン』の著者・中西五州は、敗戦後の無数の失業者を組織する全日本自由労働組合（全日自労）の委員長だった。六〇年代半ばからの失業対策事業打ち切りの壁が立ちはだかり、それまでの失対賃金引き上げ要求では闘えなくなっていた。私が惹かれたのは、労働者協同組合運動の提起など労働組合の社会的役割の視点から働くことの質に目を向けた書だったことである。

労働者は、資本や経営者に対してひとりでは弱いが、集まれば対抗できる。これが労働組合の原点。その原点を強化するために地域連合があり、全国組織がある。それが逆立ちして、地域連合や全国組織の維持が自己目的化したように思われる。いまの日本に必要なのは、労働組合の原点に立ち、足元で活動する労組でないか。

化石化した労組の浸みこんだ体質を変えるのは簡単でないが、労働組合としての実践を一つひとつ積み重ねれば、変わることはできる。現に福保労も〝化石〟から〝生きもの〟に変わってきた。

極小の福保労を土台にした闘いで前代未聞の〝あの〟たんぽぽ保育園に勝利すれば、画期的なことになるだろう。小さくてもまともな労組の存在は、いまの日本では小さくない意味を持っていると言っても過言でない。

終章

「幸せではなかったが、不幸ではなかった」

関わったのが女性ばかりだった理由

私が関わったのは、全員女性。なぜ女性ばかりだったのか。東京都労働局の労働相談件数統計によると、本書第1〜3章の不当解雇が起きた二〇〇八年度には男性からの相談が五六％、その後も男性からの相談の方が多いが、女性からの相談が増え、二〇一五年度以降は男女比が拮抗している。

女性ばかり退職を強制されたり、不当解雇されたりしているわけでないらしいが、非正規労働者には男性よりも女性が多い。男女共同参画社会が言われて久しいが、男女平等の職場が支配的になったとも思えない。無収入での長い闘いには、経済的支えが必要である。家族を抱えている男性の場合は、より困難とも思われる。男性労働者は資本の論理に組み込まれているが、女性は必ずしも組み込まれていないし、納得できないことに対する抵抗力は女性の方が強いのでないかと体験的には感じる。

「女だと思って、ばかにするな」

不当解雇者の多くは、泣き寝入りしている。彼女たちは、闘う道を選んだ。西岡を含め、不当解雇を闘った四人は、特別の労働者だったのでも、労働者としての信念があったわけでもない。不当解雇されなければ市井のどこかで平凡に暮らしていただろう。ほとんどの人には、裁判所にも弁護士にも無縁。できれば出会いたくない存在である。それが、解雇という考えてもみなかった場に引きずり出された。弁護士や裁判官と出会い、法廷で証人に立たされた。人前で話すのも苦手だったのに、大勢の前で訴えなければならない。

なにが彼女たちを立ち上がらせたのか。土谷は「女だからと思ってばかにするな」と即座に答えた。高杉は「懲戒免職になるようなことはしていない、納得できない」と答えた。相馬は、初めて会った時に言ったとおり、「このまま辞めたら、保育士としていままで何をしてきたのかとの思い」と答えた。

「どうせいつもおカネがないんだから」

なぜ、闘い続けることができたのか。労組、支援者たち、弁護士の支えがなければ闘い続けることはできなかったが、彼女たち自身のなかにも支えがなかったら闘い続けることはできなかったろう。土谷は「女だからと思ってばかにするな」の一念だったと言った。高杉は、何度も弱気になったと言い、その度に、裁判官から『和解』を迫られたときに私に言われた「目の前の困難な現実でなく、懲戒解雇されたときの思いに立ち帰ること」を想い出した、それが原点になった、と言った。

長いパワハラの末に解雇を予想していた相馬は、なんども家族会議を開き、「納得できないから闘うことになる。新聞に載って噂になるかも知れない」と伝えて、夫、息子、義母と話し合ったと言う。二〇一六年九月に相馬に対するパワハラを阻止するために損害賠償を申し立てようと葛西弁護士に相談した。新聞かテレビで報道されるかも知れないと言われ、「私のことで大変なことになる」と動揺、園長や理事長の立場まで心配する始末だった。

その心配を克服できたのは、「自分で決めたことなのだから進むしかない」(夫)、「悪いことをしたわけでない、新聞に載ったっていいじゃないか」(息子)、「どうせいつもおカネがないんだから」(義母）という家族の励ましだった。

迷いながら闘って、変わった自分

闘って自分のなにかが変わったと思うか聞いた。土谷は「あれだけ闘えた、強くなったと思う」と答えた。高杉は「自分の中に芯ができた」と言った。相馬は、「周りを気にするなど自分の弱さがクローズアップされた。これからどんなことがあっても闘える」と言った。

不当解雇された三人は、当初の迷いを克服して一途に闘えたのではない。土谷も高杉も相馬も、自分のなかでは何度も動揺し、闘いから逃げたい気持ちが交叉したと言う。

職場で孤立させられ、日々の嫌がらせに耐え抜いた土谷の芯の強さは際立っているが、内心の状況が土谷の夫のブログに表われている。「奥さんが立腹しているのは、Ｋ側がウソにウソを塗り固めて……いる点です。」「Ｋ側の言っているウソを明確にしたい等、無念の思いを日々口にしています。」「会社側の様々な理由は、間違った処分を正当化するためのもの。それを裁判で決着つけようとしているると、奥さんを言い含めている毎日です。」

相手側の答弁書や準備書面を独りで読まないようにしてきたが、それでもそれらを読むと、「自分は人間失格なのかと目の前が真っ暗になった」と相馬。

弁護士の社会的使命と倫理はどこへ？

解雇側の代理人弁護士は、勝つためにウソ八百を並べ立てて原告の人格と尊厳をトコトン傷付ける。日弁連の「弁護士倫理」第一条には、「弁護士は、その使命が基本的人権の擁護と社会的正義の実現にあることを自覚し、その使命の達成に努める。」とある。

「日弁連は自ら定めたこのモラルを、会員全員に徹底すべきでないか。使用者の嘘をあおる弁護士。……使用者の主張なら偽証でもうのみにする裁判官。法曹がつくりだす『嘘つき天国』のなかで……労働者は木の葉のごとく翻弄され……ている。」（島本慈子『ルポ解雇』岩波新書、九一ページ）

解雇されて〝罪悪感〟

相馬は、解雇されたことに「罪悪感があった」と言った。正しいと思っていても、世間とは違ったことをしているのではないか、自分は〝普通〟ではないのでないかという思いである。犯罪被害者でさえ、持たせられる罪悪感と言えば理解されるだろうか。

四〇年も前のことだが、不当解雇されて闘っている女性保育士に「あなたは普通のことをしているだけだよね」と言ったことがある。彼女は、そのひと言で両肩の重しが取れて闘いが楽になったと市民ネット集会に出て来てくれて言った。不当解雇された者は、解雇した側からの攻撃だけでなく、〝世間の目〟にも曝されている。

二重苦、三重苦を背負っている彼らに最も励みになるのは、集会や傍聴に集まってくれる人たちである。特別の存在でもないのに、見知らぬ人も不正義を許せないとの思いで集まってくれ、励ましてくれる。そのひと言で、苦しみが減ることもある。「人と人のつながりはすごい」と相馬は実感している。

「幸せではなかったが、不幸ではなかった」

「袴田巖　夢の間の世の中」というドキュメンタリー映画がある。そこに登場する冤罪の元死刑囚が「幸せではなかったが、不幸ではなかった」と言った。衝撃を受けた。冤罪で逮捕される前は、タダの若者。在り来たりの人生を歩んで終わったろう。それが身に覚えのない事件で逮捕され、死刑判決。冤罪を確信する人たちが廻りに集まり、死の恐怖に曝されながら闘い、人生と人間が激変し、成長した。その想いが、籠められたひと言である。

彼女たちも、不当解雇後の人生について「幸せではなかったが、不幸ではなかった」と言った。

〈著者紹介〉
高橋秀直
（たかはし・ひでなお）

1943年生まれ。68年北海道大学農学部大学院博士課程中退、弘前大学農学部に就職、2004年弘前大学過半数代表、05年弘前大学農学生命科学部長、09年定年退職、弘前大学名誉教授、「不当解雇との闘いを支援する会」会長、16年福祉保育労働組合青森支部顧問。

パワハラ　不当解雇

尊厳を回復し、解雇を高くつかせる闘い方

2018年11月30日　初版第1刷発行

◉著者　高橋秀直
◉装丁　坂野公一（welle design）

◉発行者　木内洋育
◉発行所　株式会社旬報社
〒162-0041 東京都新宿区早稲田鶴巻町544
TEL 03-5579-8973　FAX 03-5579-8975
◉ホームページ　http://www.junposha.com/

◉印刷製本　シナノ印刷株式会社

ISBN978-4-8451-1568-6